Thomas Bienert

Wir
vom Jahrgang
1963
Kindheit und Jugend

Impressum

Bildnachweis:

Umschlagvorderseite: Fam. Sels
Umschlagrückseite: ullstein bild-Müller-Staufenberg

Familie Sels: S. 4, 5, 6, 7o, 9, 18, 38, 43, 58; Fam. Müller: S. 8, 10, 13, 14, 19, 26, 27, 46, 47, 48; ullstein bild-Uhlenhut: S. 16o; ullstein bild/DHM/Schwarzer: S. 16u, 52, 56, 61; ullstein bild-Chotas: S. 23; Sammlung Daniel Stroscher, Bahlsen GmbH & Co. KG, Hannover: S. 24; ullstein bild-Klaus Winkler: S. 29, 55; ullstein bild: S. 31; ullstein bild-Schlage. S. 36; ullstein bild-KPA: S. 37; Mosaik von Hannes Hegen©Tessloff Verlag, Nürnberg: S. 41; ullstein bild-dpa: S. 44; ullstein bild-Wiezorrek: S. 45o; ullstein bild-Probst: S. 49o; ullstein bild-Kobelt: S. 49u; ullstein bild-Schlegelmilch: S. 53; ullstein bild-AKG: S. 55o; ullstein bild-Drescher: S. 63o; ullstein bild-Müller-Stauffenberg: S. 63u

Alle anderen Fotos stammen vom Autor

Wir danken allen Lizenzträgern für die freundliche Abdruckgenehmigung.
In Fällen, in denen es nicht gelang, Rechtsinhaber an Abbildungen zu ermitteln, bleiben Honoraransprüche gewahrt.

7. überarbeitete Neuauflage 2022
Alle Rechte vorbehalten, auch die des auszugsweisen Nachdrucks und der fotomechanischen Wiedergabe.
Gestaltung und Satz: r2 | Ravenstein, Verden
Druck: Druck- und Verlagshaus Thiele & Schwarz GmbH, Kassel
Buchbinderische Verarbeitung: Buchbinderei S. R. Büge, Celle
© Wartberg-Verlag GmbH
34281 Gudensberg-Gleichen • Im Wiesental 1
Telefon: 056 03/9 30 50 • www.wartberg-verlag.de
ISBN: 978-3-8313-3163-5

Vorwort
Liebe 63er!

Wenn wir uns an die ersten 18 Lebensjahre zurückerinnern, ist dies nicht nur ein Eintauchen in unsere eigene Vergangenheit, sondern auch eine geschichtliche Exkursion in ein untergegangenes Land. Dabei blicken wir zurück auf eine andere gesellschaftliche Realität und einen anderen Alltag. Uns fallen Produkte ein, die (fast) vergessen zu sein scheinen: so z. B. die Stoffe Dederon und Malimo. Geschmacksvarianten und Gerüche werden mit einem Male wieder gegenwärtig, Westpakete und der Intershop rochen anders als die DDR. Auch die an vielen Stellen andere Sprache der DDR kommt uns in den Sinn: Plastik war eben Plaste, der Overheadprojektor ein Polylux, die Jeans eine Niethose, das Brathähnchen hieß Broiler und der Hamburger Grillette. Und so trifft unser Blick zurück auf viele persönliche Erlebnisse voller Optimismus, aber auch mit gelegentlichen Dämpfern. Dieser bunte Reigen lässt uns mit etwas Wehmut und Nostalgie an eine schöne Kindheit und Jugend denken.

Damals war manches schwieriger, aber vieles leichter. Kein übersättigter Spielzeugmarkt lenkte unsere Augen in konsumgerechte Richtungen. Kreativität, Improvisationskunst und Gemeinschaftssinn bestimmten unser Tun. Damals verschanzte man sich nicht eigenbrötlerisch hinter irgendeinem Handy, PC oder vor dem Fernseher. Ja, wir waren die absoluten Frischluftfanatiker. Viele von uns werden sich ein Kopfschütteln oder Schmunzeln nicht verkneifen können, wenn heute wieder laut über so manches wie Ehekredite, Kinderbetreuung und Altstoffsammlungen sowie Sparsamkeit nachgedacht wird. Dinge, die direkt oder indirekt selbstverständlich zu unserer Kindheit und Jugend gehörten.

Die Weinkenner unter uns wissen, dass 1963 ein interessantes Weinjahr war. Heute findet man nur noch wenige Flaschen und die haben ihren stolzen Preis. Es heißt, dieser Jahrgang sei schwierig – das hör(t)en wir öfter. Und für uns und den Wein gilt: je älter, desto besser!

Thomas Bienert

Fremde schöne Welt

Wir waren echte Wonneproppen.

Gleich zu Hause

Als wir diese Welt betraten, spielte es eine Rolle, wo wir geboren wurden – in der Klinik oder zu Hause? Zu Hause dauerte es nicht allzu lange und wir wurden stolz der Familie vorgezeigt, schließlich war jede Geburt ein familiäres Großereignis. Und neben der Hebamme hatte irgendeine Großmutter oder Urgroßmutter für Mama und den Nachwuchs gute Ratschläge parat oder

Chronik

10. April 1963
Erstaufführung des DEFA-Films „Nackt unter Wölfen" von Frank Beyer.

28. August 1963
Martin Luther King sagt seine berühmten Worte: „I have a dream".

1. September 1963
Durch Fusion von Deutscher Lufthansa (der DDR) und der Interflug entsteht der Luftverkehrsbetrieb Interflug.

14. November 1963
Margot Honecker wird Ministerin für Volksbildung.

22. November 1963
Mord an John F. Kennedy in Dallas (USA).

1. Februar 1964
Das erste Moped vom Typ Schwalbe läuft vom Band.

13. März 1964
Der Chemieprofessor Robert Havemann, Kommunist und DDR-Kritiker, wird seines Amtes enthoben.

7. September 1964
Wehrdienstverweigerer können als „Bausoldat" ihre Armeezeit ableisten.

24. September 1964
Willi Stoph wird Vorsitzender des Minister-rats und stellvertretender Vorsitzender des Staatsrats.

14. Oktober 1964
Ablösung Nikita S. Chruschtschows, Leonid Breschnew wird Staatschef in der Sowjet-union.

4. Februar 1965
Erstaufführung des DEFA-Films „Die Aben-teuer des Werner Holt".

25. Februar 1965
Verabschiedung des „Gesetzes über das einheitliche sozialistische Bildungssystem"; Einführung von Polytechnischer und Erweiterter Oberschule (Gymnasium).

15.–18. Dezember 1965
Das 11. ZK-Plenum verurteilt kritische DDR-Schriftsteller.

22. Dezember 1965
Die 5-Tage-Woche wird eingeführt und gilt in jeder zweiten Woche.

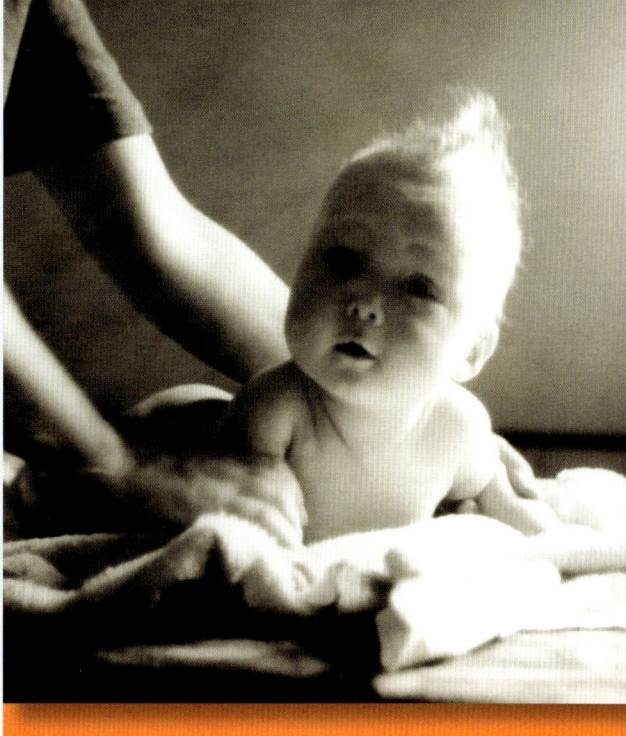

Keck guckten wir aus der Wäsche.

kümmerte sich bereits um das erste Bad für uns. Der Papa – zwar stolz wie Oskar – stand in solchen Momenten nicht im Mittelpunkt, manchmal sogar im Wege. Wenig später sorgte er an seinem Arbeitsplatz für den sozialisti-schen Aufschwung durch seine Mitar-beit am „Neuen Ökonomischen System der Planung und Leitung der Volkswirt-schaft".

Kamen wir im Krankenhaus zur Welt, galten feste Regeln. Ständig bei Mutti liegen kam nicht infrage. Die meisten Kliniken praktizierten in der ersten Woche eine deutliche Trennung von Mutter und Kind. Lediglich zu den

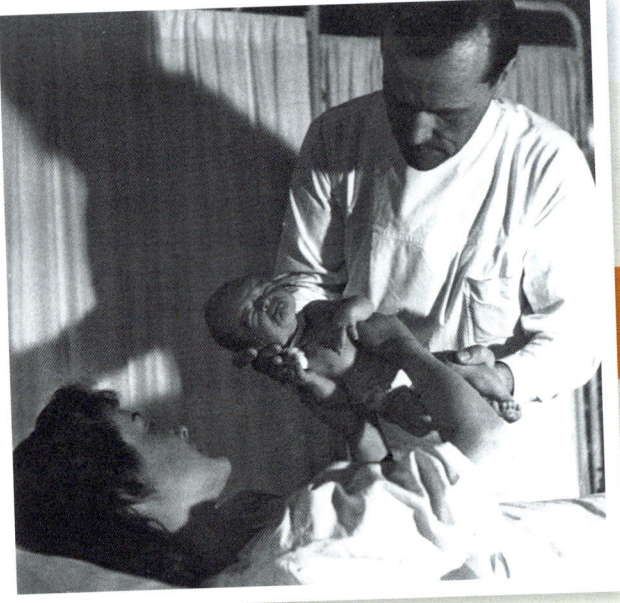

festgelegten Stillzeiten durften die Mamas den Säugling in die Arme schließen. Man hatte große Angst vor Infektionen, die uns zu schaffen machen könnten.

Der Mutter blieb nur der Blick durch ein Fenster in einen Raum, in dem die Neugeborenen in kleinen fahrbaren Betten nebeneinander schliefen, gewickelt und betreut wurden. Handgeschriebene Namenszettel an den Kinderbettchen sollten Verwechslungen unmöglich machen. Aber welche Mutter brauchte schon einen Zettel, um ihr Kind zu erkennen?

Nur durchs Fenster

Und was war mit Papa, den Geschwistern, Omas, Opas, Tanten, Onkels? Die Angst vor Krankheiten war weit verbreitet und man sagte, ein Besuch des Vaters und weiterer Verwandter sei nicht nötig. In der Praxis ließ man die Familienangehörigen wenigstens einen kurzen Blick durch das berühmte Fenster auf den Nachwuchs werfen. Aber mehr ging nicht. Die Mimik mancher Krankenschwester machte unmissverständlich klar, dass sie den Raum wie einen Bunker verbarrikadieren würde, falls jemand auf die Idee käme, sich der Türklinke mit der Hand auch nur zu nähern.

In der Rückschau betrachtet muss man schon sagen, 1963 auf die Welt zu kommen, war kompliziert. Aber es gibt Trost: Trotz dieser „schweren frühen Kindheit" ist aus uns etwas geworden!

Wir Hausgeborenen hatten es von Anfang an gut. Die Mutti konnte uns schon in der ersten Lebenswoche auch außerhalb der Stillzeit in den Arm nehmen. Manchmal aber wurde es stressig. Zunächst täglich, später sporadisch, besuchte uns die Hebamme und erteilte irgendwelche Anweisungen und Ratschläge. Hinzu kamen die zahlreichen neugierigen Verwandten und Bekannten, von denen jeder und jede seinen „berühmten Senf" dazugab. Und manches Gesicht äugte in unsere kleine Wiege aus geflochtenem Korb und murmelte irgendetwas wie „Gutschi, Gutschi". Können die Erwachsenen denn nicht ordentlich reden? Das kann ja was werden!

Nicht jeder Ausflug überzeugte uns.

1. bis 3. Lebensjahr

Im Mittelpunkt

Nicht viel anders erging es den im Krankenhaus Geborenen, als sie schließlich zu Hause eintrafen. Während der Vater arbeitete, gab es ein großen Kommen und Gehen, denn die Verwandten und Bekannten hatten viel zu lange warten müssen und wollten endlich ihre Neugier stillen. Unser/e Schwester oder/und Bruder betrachtete den Neuankömmling und künftigen Mitbewohner freund-lich-gespannt oder misstrauisch, mitunter sogar zickig. Am spannendsten war es jedoch, am Abend den Typen anzusehen und anzufassen, der da als Erster durch dieses Fenster im Krankenhaus geschaut hatte: den Vater. Wie die Wangen der Mama sich anfühlten, war schön, Papas dagegen kratzten ein

wenig. Aber trotzdem, das hatte was und die Berührungen von Papa und Mama machten süchtig. Davon wollten wir mehr!

Es gab zu jener Zeit keine Babyphone, also mussten wir uns mächtig in Zeug legen, um gehört zu werden. Die Tageszeit war uns da egal. Die Großeltern kommentierten unser Tun mit der uralten Weisheit: Schreikinder sind Gedeihkinder. Nun, wir hatten mitunter den Eindruck, dass dieser Spruch den Vater wenig tröstete, wenn er sich am Morgen übernächtigt in die Fabrik schleppte.

Nur wenn wir schliefen, war es ruhig.

Ein Generationenbett

Die Kinderzimmer aus unserer Zeit sind nicht mit den heutigen zu vergleichen. Erst einmal musste man froh sein, wenn man überhaupt ein eigenes Zimmer besaß, und wenn, war es ausgesprochen spartanisch eingerichtet. Oft und besonders auf dem Lande teilten

wir uns das Zimmer mit anderen Verwandten, Großeltern, Geschwistern etc. Unser Bett war „handmade" und aus robustem Holz oder Korb. Mitunter sind Exemplare dieser Wiegen in Alltags- und Bauernmuseen zu finden. Die – schon die Mutter schlief darin – hatten Vater oder Großvater vom Dachboden geholt und sorgfältig geputzt. Omas hatten neue Bettbezüge genäht oder alte ausgebessert, häkelten Decken und strickten winzige Kinderstrümpfe.

Das erste Spielzeug war zumeist aus Holz oder Stoff und kam ebenso aus der Truhe vom Dachboden: Rasseln, Kugelstäbe, große Sterne. Teddys gab es entweder als Erbstücke oder neu gekaufte. Puppen, oft mit Porzellanköpfen, durften wir in dieser Zeit nur vorsichtig betrachten. Nach und nach entstand ein Markt für Plastikspielzeug. Papa und Mama sorgten dafür, dass wir auf diesem Gebiet „in" blieben.

Pampers, was ist das?

Während Papa der Arbeit nachging, sorgte sich Mama um uns und wir hielten sie auf Trab. Pampers und vergleichbare Wegwerfwindeln waren keineswegs in Mode. Die gute alte Leinenwindel musste reichen. Regelmäßig wanderte sie in die Waschmaschine. Auf dem Lande handelte es sich oft um einen Zuber,

1. bis 3. Lebensjahr

Von wegen eingesperrt! Endlich hatten wir mal unsere Ruhe.

Komm doch mal ganz nah ran …

in den heißes Wasser gegossen wurde, und mit dem berühmten Waschbrett bearbeitete man die Windeln und andere Kleider. Allmählich – und zum Glück für unsere Mütter – setzen sich fortschrittlichere Modelle durch.

So gab es Waschmaschinen, in denen ein von Hand bewegtes Zahnradgetriebe eine mit Holzpflöcken bestückte flache Scheibe bewegte. Die modernste Version bestand aus Zinkmetall, besaß ein elektrisch betriebenes Plastikwellenrad und einen Heizbetrieb für das Wärmen des Wassers. Letztere hatte eine für die damalige Zeit wichtige Neuerung, einen Schlauch, aus dem das gebrauchte Wasser in bereitgehaltene Eimer abgelassen wurde. Ansonsten schöpfte man das Wasser aus dem Behälter oder, wenn im Freien oder der Waschküche betrieben, kippte ihn einfach um. Auf dem Lande diente oft ein Allround Zimmer als Waschküche, Badestube und Schlachtraum zugleich. In den Städten waren solche Räume selten zu finden. Zumeist musste die Küche dafür herhalten.

Gebadet wurden wir in kleinen Zinkbadewannen, die mitunter als Wäschekörbe dienten. Die meisten Mütter stiegen aber in jener Zeit allmählich auf Plastikbadewannen um, die deutlich leichter waren.

Wollte die Mutter im Hause anderen Tätigkeiten nachgehen, so verbrachten wir diese kindliche Frühphase „hinter Gittern". Ein Laufstall – ein klappbares Holzgestell mit vertikalen Sprossenstäben – hinderte uns daran, unserem unbändigen Entdeckungsdrang quer durch die ganze Wohnung zu folgen. Den obligatorischen DDR-typischen Schnuller – oft Nuckel genannt – in der Schnute, mussten wir uns mit dem angebundenen Holzspielzeug begnügen.

Bekina und KIMO

Nach der Stillphase kam die Umstellung auf andere Ernährung. Auch hier lebten wir in einer Welt im Wandel. Traditionell wurde unsere Kost meistens aus Gemüse und Obst aus dem eigenen Garten zubereitet. Doch der Trend zur Fertignahrung für Kinder verstärkte sich in jener Zeit. Sehr viel Auswahl an Babynahrung gab es damals jedoch für Mütter und Väter nicht. In den Konsum- und HO-Regalen stand fast nur der „Einheitsbrei" vom „VEB-Havelland" aus dem brandenburgischen Beelitz, unter dem Namen „bekina" (Beelitzer-Kinder-Nahrung) zum Kauf. Für die Babypflege kamen die Produkte von Elasan zum Einsatz, man griff vereinzelt aber auch auf die bekannte Florena zurück. In den Familien mit Beziehungen stand die Westcreme Penaten hoch im Kurs. Unsere Bekleidung war entweder selbst gefertigt, eine „Mehrgenerationenkleidung" oder entstammte der staatlichen Bekleidungsmarke KIMO (Kindermoden).

Neues Ökonomisches System der Planung und Leitung der Volkswirtschaft

Das „Neue Ökonomische System der Planung und Leitung der Volkswirtschaft" – so der vollständige Name – wurde im Jahre 1963 als d a s Reformkonzept der SED zur Modernisierung der zentralen Planwirtschaft der DDR beschlossen und umgesetzt. Durch Dezentralisierung, Flexibilisierung und Ökonomisierung der zentralen Planung und Leitung sowie größere Eigenverantwortung und -wirtschaft der Betriebe wollte man die Produktivität steigern. Nicht zuletzt ging es darum, das materielle Interesse an Gewinn- und Einkommenssteigerungen der Betriebe und der Werktätigen im Interesse der sozialistischen Wirtschaft auszunutzen.

Anfang 1970 wurde die Reform jedoch abgebrochen, weil die damit verbundene marktwirtschaftliche Orientierung zunehmend den Alleinherrschaftsanspruch der SED beeinträchtigte.

Gleichberechtigung

Bereits mit der Gründung der DDR wurde die Einbeziehung der Frauen in die „gesellschaftliche Produktion" als wichtigster Schritt auf dem Weg zur Gleichberechtigung betrachtet. Schon in der ersten Verfassung der DDR vom Mai 1949 wurde die Gleichheit von Mann und Frau festgeschrieben. Folgerichtig nahmen seit den 50er-Jahren immer mehr Frauen eine Erwerbstätigkeit auf. (1989 waren in der DDR 91,2 % der Frauen berufstätig, erlernten einen Beruf oder studierten.)

So kamen die meisten von uns früh in die staatlich und betrieblich unterhaltenen Kinderkrippen, in denen wir mit unseresgleichen zusammen sein konnten. Während wir dort den Tag verbrachten, ging die Mutter einer Arbeit nach. Mutter und Kind blieben im Durchschnitt nach der Geburt ein Jahr zu Hause, manchmal waren es nur wenige Wochen.

Tagesablaufplan in der DDR-Kinderkrippe

6.00–07.30 Uhr *Annahme der Kinder*	11.40–11.55 Uhr *Ausziehen*
7.30–07.50 Uhr *Frühstück*	11.55–12.15 Uhr *Mittagessen*
7.50–08.05 Uhr *Ausziehen, Töpfchen*	12.15–12.30 Uhr *Ausziehen, Töpfchen*
8.05–09.35 Uhr *Schlafen*	12.30–14.30 Uhr *Schlafen*
9.35–09.50 Uhr *Anziehen, Töpfchen*	14.30–14.45 Uhr *Anziehen, Töpfchen*
9.50–10.00 Uhr *Allgemeine*	14.45–15.05 Uhr *Zwischenmahlzeit*
Beschäftigung	15.05–18.00 Uhr *Spiel im Freien*
10.00–10.25 Uhr *Spielezeit*	*oder Gruppenraum*
10.25–10.40 Uhr *Anziehen*	18.00–20.00 Uhr *Abholen der Kinder*
10.40–11.40 Uhr *Spaziergang im Freien*	
(bei Regen Spiel im Gruppenraum)	

1:5 oder 1:6

Was passierte nun in der Kinderkrippe mit uns? Damals waren die Krippenerzieherinnen ausschließlich Säuglings- und Krankenschwestern. Krippe und Kindergarten stellten seit dem Jahre 1965 gemeinschaftlich die „Grundstufe"

des staatlichen Bildungssystems dar, waren allerdings dem Gesundheits-wesen zugeordnet. Erst ab 1974 konnte der Beruf der Krippenerzieherin an medizinischen Fachschulen in einem dreijährigen Direktstudium erlernt wer-den. Zu unserer Erziehung wurden regelrechte Richtlinien und Programme entworfen. Viel Wert wurde dabei auf die enge Zusammenarbeit mit den Eltern gelegt. Die Betreuung von Kindern erfolgte mit einem angeordneten Personal-schlüssel. Er betrug zumeist 1:5 bzw. 1:6, d. h. in der Regel betreuten drei Erzieherinnen zwischen 16 und 18 Kinder. Der Krippe wurde außerdem ein Arzt zugeteilt, der regelmäßig den Gesundheitszustand und die Pflege der Kinder sowie die Einhaltung der allgemeinhygienischen Forderungen kontrol-lierte. Normalerweise hatten die Kinderkrippen von 6.00 bis 18.00 Uhr geöffnet, bei betrieblichen Einrichtungen gab es Ausnahmen.

Prominente 63er

25. Juni	George Michael, Musiker, Sänger	24. Aug.	Nina Ruge, Moderatorin
17. Juli	Matti Nykänen, ehemaliger finnischer Skispringer	1. Nov.	Katja Riemann, deutsche Schauspielerin
3. Aug.	James Hetfield, Gitarrist von „Metallica"	3. Dez.	Sissi Perlinger, deutsche Schauspielerin und Entertainerin
9. Aug.	Whitney Houston, Musikerin, Schauspielerin	18. Dez.	Brad Pitt, US-Schauspieler
18. Aug.	Heino Ferch, deutscher Schauspieler	19. Dez.	Til Schweiger, deutscher Schauspieler

Kubaorangen und Stelzen

Die große weite Welt

Ab dem dritten Lebensjahr bereitete man uns auf das Leben in der großen weiten Welt vor, gemeint ist der Kindergarten. Wie üblich sollten wir früh an den Alltag, die Regeln und die Umstände der Erwachsenenwelt herangeführt

Chronik

6. Februar 1966
Eine geplante Tournee der Schlagersänger Rex Gildo, Christa Williams und Sven Jenssen durch die DDR wird abgesagt.

1. April 1966
Ab sofort ist jeder zweite Samstag arbeitsfrei.

9. Mai 1966
In Rheinsberg nimmt das erste Atomkraftwerk der DDR den Betrieb auf.

15. Juni 1966
Start des Films „Spur der Steine" von Frank Beyer mit Manfred Krug.

1. Juni 1967
Das MfS plant Internierungslager für Regimegegner.

2. Juni 1967
In Berlin kommt es während eines Staatsbesuchs des iranischen Schah zu Demonstrationen und schweren Ausschreitungen. Der Student Benno Ohnesorg wird erschossen.

27. Juni 1967
In London wird der erste Geldautomat weltweit in Betrieb genommen.

9. Oktober 1967
Che Guevara (1928–1967) wird erschossen.

3. Dezember 1967
Dr. Christiaan Barnard führt die erste Herztransplantation in Kapstadt durch.

12. Januar 1968
In der DDR wird ein neues Strafgesetzbuch beschlossen.

4. April 1968
Martin Luther King wird ermordet.

18. Juli 1968
Chemieunfall in Bitterfeld.

31. August 1968
Ein Erdbeben der Stärke 7,3 im Iran fordert 12 000 bis 20 000 Tote.

21. Oktober 1968
Beginn einer Reihe von Prozessen gegen Personen, die gegen den Einmarsch in die Tschechoslowakei protestiert hatten.

werden. Dieser unser Kosmos war die „sozialistische" Gesellschaft in der damaligen DDR, für die wir gebildet und erzogen werden sollten. In den Kindergärten sahen die Ablaufpläne darum vor, früh eine Beziehung zum gesellschaftlichen Umfeld zu schaffen. Wir mussten aber nicht etwa das Staatsoberhaupt Walter Ulbricht anbeten. Vielmehr zielte man darauf ab, dass Spiele, Gespräche, musisch-künstlerische und andere Tätigkeiten Zugang zu unserem Gehör und unserem Kopf fanden. Man wollte unser kindliches Interesse wecken, unser Bild, unsere Vorstellungen über das Leben in diesem Land Stück für Stück weiten und gewisse moralisch-sittliche Einstellungen, aber auch erste „sozialistische Verhaltensweisen" vermitteln.

Für das Kollektiv

An oberster Stelle stand das Kollektiv – Pardon!, heute heißt das ja Team. Erziehung erfolgte grundsätzlich im kollektiven Ansatz und war keineswegs alleinige Aufgabe der Erzieherin. Die Kindergruppe war also gleichzeitig Ziel und Mittel für unsere individuelle Bildung und Erziehung. In gemeinschaftlichen Tätigkeiten sollten wir ein Gespür füreinander entwickeln, Spaß an „kollektiven" Erlebnissen haben,

aber auch gegenseitige Achtung und Anerkennung erleben und nicht zuletzt Selbstvertrauen gewinnen. Individuelle Eigenschaften und Ausprägungen galten als beachtens- und förderungswert, wenn sie dem Wohl unserer Kindergemeinschaft dienten. In diesem Zusammenhang gewöhnte man uns daran, sich innerhalb der Gruppe ein- und unterzuordnen. Wir lernten zu akzeptieren, dass unsere eigenen Ansprüche, Wünsche und Interessen zugunsten der Gemeinschaft zurückzustellen sind. Es galt das Motto: Was für die Gemeinschaft – und damit die Gesellschaft – richtig und gut war, war für uns selbst richtig und gut. Konflikte versuchte man möglichst frühzeitig zu unterbinden.

Der Erzieherin kam eine besondere Rolle zu. Es hieß, die Erzieherin „lenkt, leitet, führt, regt an, vermittelt, leitet an, plant, bereitet vor, beobachtet, kontrolliert, belehrt, sorgt für, zeigt, hilft, achtet auf, beachtet, greift ein, macht bekannt mit, ordnet, macht aufmerksam, formt, übt mit dem Kind, …"

Spielen, Lernen, Arbeiten

Wie sah unser Tagesablauf aus? Die damaligen Bildungs- und Erziehungspläne legten den Schwerpunkt auf den Dreiklang Spielen, Lernen und Arbeiten. Die DDR-Pädagogik betrachtete diese Tätigkeiten als außerordentlich bedeutsam für unsere Persönlichkeitsentwicklung. Im Grunde lernten wir für das Leben.

Manche Beschäftigungen – wie kollektives Aufräumen des Spielplatzes – sollten uns für die Zusammenhänge zwischen Natur und Gesellschaft sensibilisieren. Formen von „Arbeit" sollten uns beweisen, es ist gut, für sich und andere Nützliches zu tun und damit Verantwortung zu zeigen.

Mit was haben wir uns im Kindergarten und zu Hause beschäftigt? Spielen, spielen, spielen. Und was haben wir gespielt? Die Auswahl war riesig, alles, einfach alles wurde zu unserem Spielplatz. Im Nu hatten wir Räume erobert. In unserer Fantasie verwandelten sie sich in geheimnisvolle Höhlen und Burgen und ein an einen Garderobenständer gehängter Mantel wurde zum Gespenst.

Am schönsten waren die Ausflüge zu den Großeltern, wenn sie auf dem Lande lebten. Die Zimmer oben auf dem Dachboden des Hauses hatten für uns eine magische Anziehungskraft. Oft befanden sich dort alte, geheimnisvolle Truhen, ausrangierte Kleiderschränke, vom Staub bedeckte Bilderrahmen und Spiegel, allerlei Hausrat, Geschirr, selten benutzte Werkzeuge. Wir konnten uns kaum von diesem Märchengebirge mit seinen Feen, Elfen, Wichten und Geistern trennen. Oft war ein Machtwort nötig. Der Großvater fluchte heimlich, wenn sich wieder einmal irgendein gerade benötigtes Utensil nicht an seinem gewohnten Platz fand.

Mit den Kellern dagegen war es so eine Sache. Ihre muffigen, feucht-dunklen Schlünde flößten uns großen Respekt ein und es gehörte zu den Mutproben unter den Jungen, dort einzudringen, während die Mädels mit großen Augen aus gebührendem Abstand das Geschehen beobachteten.

Karussell fahren war etwas Besonderes.

Spielplatz – überall!

Wir waren stundenlang unbeaufsichtigt im Freien unterwegs, obwohl es weniger Spielplätze gab als heute. Straßen, Plätze, Höfe, Gärten, leere Grundstücke, Wiesen und Waldränder waren unsere Abenteuerspielplätze. Verwegen kletterten wir auf Bäume und rutschten Treppengeländer hinab. Wir bemalten das Straßenpflaster mit roten Ziegelsteinstücken. Haselnusstriebe wurden zum Fußballtor oder eine alte Gewebeplane zu einem Indianerzelt umfunktioniert und aus einem Haufen Bausand fertigten wir in Windeseile eine kunstvolle Murmelbahn. Wir brauchten keine Erwachsenen, um uns zu beschäftigen. Irgendeines der Kinder aus der Meute, die uns stets umgab, hatte immer eine Idee. Unserer Fantasie wuchsen rasch Flügel. Die Straßen waren weitgehend ungefährlich, weil das Verkehrsaufkommen gering war. Neben unserer eigenen Fantasie konnten wir auf einen großen Fundus an alten Spielen zurückgreifen, die schon unseren Eltern, Großeltern und Urgroßeltern als Zeitvertreib gedient hatten. An ein paar erinnern wir uns sicher gern zurück.

Wir waren am liebsten draußen.

Fang mich doch!

Das einfachste war das Fangspiel, das mit seinem berühmten und vor Begeisterung übersprudelnden Spruch den Fänger anstachelte: „Fang mich doch, fang mich doch, du …!" Und nun scheiden sich die Geister, manche riefen „Eierloch", andere „Käseloch". Auch das Versteckspiel stand hoch im Kurs.

Belustigend fanden wir Geschicklichkeitsspiele, so z. B. „Fährmann, wie tief ist das Wasser?". Einer oder eine von uns musste den Fährmann (heute gäbe es sicher ein Problem, würde man bei den Mädchen nicht sagen: Fährmännin oder Fährfrau?) spielen. Die anderen Jungen und Mädchen standen etwa

Sportlich waren wir.

20 Meter entfernt. Das Spielfeld war auf ein Feld begrenzt. Dann riefen wir mit aller Kraft: „Fährmann, Fährmann, wie tief ist das Wasser?" Der Fährmann antwortete daraufhin entweder mit „tief", „seicht" oder „flach". Nun riefen die Mitspieler: „Und wie kommen wir hinüber?" Jetzt gab der Fährmann die Fortbewegungsart vor, indem er rief: „Hüpfen" oder „rennen", „auf allen vieren krabbeln", „rückwärts laufen", „auf dem linken Bein hüpfen" etc. Auf dieses Kommando hin mussten die Kinder sich auf die vorgegebene Weise bewegen. Wer vom Fährmann abgeschlagen wurde, musste mithelfen, die anderen zu fangen. Der Letzte wurde neuer Fährmann.

Viel Spaß hatten wir beim Stelzenlaufen, was entweder als „Performance" durch Nachahmung der Bewegungen des Vordermannes erfolgte oder als Wettrennen. Zumeist wurde eine Rennpiste ausgesucht, die mit Hindernissen versehen war. So manches Mal gab es einen Nasenstüber, wenn man dabei in den Bach oder Graben fiel und vor Nässe triefte bzw. der Hosenboden eine bedenkliche Dreiangel von irgendeiner Schlehenhecke aufwies.

Das gehört sich nicht!

Zugegeben, wir waren manchmal durch und durch schlecht. Es gab keinen Streich, keinen Schabernack, den wir nicht austüftelten oder an dem wir uns etwa nicht beteiligten. Sturmklingeln mit einem in den Klingelknopf geklemmten Holzspan gehörte zu den harmloseren Varianten. Die Stolperfallen aus Angelsehnen in Nachbars Garten riefen heftige Proteste vor der eigenen Haustür hervor. Das Beschmieren der Türklinken mit Zahnpasta endete mit einer Putzorgie aller Klinken im Haus und Stubenarrest als Bestrafung. Das Freilassen von

Immer heckten wir irgendetwas aus.

gesammelten Maikäfern – frei nach Wilhelm Busch – im Kindergarten hatte intensive Erziehungsgespräche zur Folge. Und das heimliche Blasrohrschießen mit Holunderbeeren auf im Park flanierende Damen führte nicht selten zu größeren Komplikationen. Wir geben heute ja ehrlich zu, so etwas gehörte sich einfach nicht! (Aber es hätte etwas gefehlt, hätten wir es nicht ausprobiert.)

Spülmaschine mit zwei Ohren

Allmählich begannen wir, die häusliche Welt intensiver wahrzunehmen. Spielerisch und durch erste kleine Arbeitsaufträge der Eltern entdeckten wir die Wohnung. Wir erinnern uns bis heute an die Gerüche oder Geschmacksnoten von damals. Erste feierliche Ereignisse sind nach wie vor im Gedächtnis präsent.

Es entstanden die ersten Neubauten, die später weite Teile des Landes dominieren sollten. Viele Familien wohnten noch in Altbauhäusern mit größeren Räumen. Die Wohnküche war der Mittelpunkt und Kommunikationsort. An den Wänden standen schlichte eierschalenfarbene Vitrinenschränke, an deren schmale Glastüren selbst gehäkelte Gardinen angebracht waren, die den Blick ins Innere und auf das Geschirr verbargen. Zur Einrichtung gehörte selbstverständlich ein Tisch, dessen schubladenartiges Vorderteil ausziehbar war. Es enthielt zwei emaillierte Schüsseln, in denen das Kochgeschirr abgewaschen wurde.

Unsere Spülmaschinen hatten zwei Ohren. Es galt als gewaltiger Fortschritt, wenn jemand in der Küche über ein eingebautes Waschbecken verfügte. Und es war Luxus, wenn einer dieser Strom fressenden, kleinen Fünf-Liter-Warmwasserboiler heißes Wasser erzeugte.

Die Küchenhexe, wie der Herd gerne genannt wird, findet man heute fast nur noch im Heimatmuseum.

Echt alternativ!

Die meisten hatten in der Küche die ultimativen, alten gusseisernen Herdöfen. Sie waren eigentlich ein Wunder an Effizienz. Um im heutigen Jargon zu bleiben, müsste

man sie als Vorläufer der Kraft-Wärme-Koppelung bezeichnen. Dieses rechteckige, tischhohe, auf schmalen Füßen stehende Gerät hatte oben eine durchgehende gusseiserne Platte. Darunter befand sich die Feuerstelle. Zwei, manchmal drei runde, herausnehmbare Platten dienten als Herdplatten für die Kochtöpfe. Daneben gab es einen Backofen, der je nach Bauart separat befeuert wurde. Dieser Küchenherd konnte einfach alles. Kochte die Mutter auf der Platte Essen, wärmte der Backofen die Teller vor. War das Essen gegart, diente die Resthitze zum Erwärmen des Abwaschwassers.

Im Backofen wurden die köstlichsten Obst- und Marmorkuchen oder Hefezöpfe produziert. Es roch verführerisch in Wohnung oder Haus. Im Winter heizte der Ofen, zusätzlich wuchs von der Herdplatte noch ein Ofenrohr in die Höhe, bevor es in den Schornstein mündete, und gab Wärme ab. Zwischen Ofenrohr und Wand baumelten an einem Zwirn getrocknete Kräuter aus dem Garten oder Pilze aus dem Wald und verbreiteten ihren eigenen Duft. Nasses Holz trocknete und lagerte man unter dem Ofen.

Das übrige Mobiliar der Küche ist schnell erklärt. Über den alten Dielen erhob sich in der Mitte der Esstisch. Nicht unerwähnt bleiben darf vor allem aber die Speisekammer, die eine Nische in der Wand ausfüllte. Meist war sie fest verschlossen und dafür gab es einen guten Grund. Ständig versuchten wir Kinder uns den Schlüssel zu besorgen und heimlich einen Keks oder andere Leckereien zu stibitzen. Bis ins Erwachsenalter lebten wir in der festen Überzeugung, niemand in der Familie hätte es bemerkt.

Geheimnisvoll

Vermutlich geht es uns allen so, dass in diese Lebensphase die erste intensivere Erinnerung an das Weihnachtsfest fällt. Weihnachten war für uns im Osten etwas ganz Besonderes. Bereits Wochen vor dem Fest merkten wir, es liegt etwas in der Luft. Mutter und Vater taten so geheimnisvoll. Irgendwelche Beutel oder Kartons landeten auf seltsame Art in Schränken, die mit einem Male abgeschlossen waren. Auf ebenso geheimnisvolle Art und Weise verschwanden sie, wenn wir Kinder uns zu auffällig in den jeweiligen Räumen zu schaffen machten.

Die ultimative Anleitung für Selbstgebackenes zu Weihnachten.

Der Weihnachtstag begann immer gleich. Der Vater beschäftigte sich am Vormittag mit dem Aufstellen des Weihnachtsbaumes, den er beim Förster abgeholt oder sogar selbst geschlagen hatte. Der Weihnachtsbaumverkauf war nicht so professionell wie heute (und die Bäume billiger). Mit dem Aufstellen und dem Schmücken des Baumes war für uns Kinder der Raum tabu. Jeglicher Versuch, auch nur in die Nähe der Tür zu kommen, fruchtete nicht. Selbst das rasche und nur in äußerst schmalem Winkel verlaufende Öffnen und Schließen der Wohnzimmertür erlaubte keinerlei verwertbare Einblicke. Die Mutter werkelte in ihrer Dederon-Kittelschürze in der Küche. Einmal entnahm

sie aus der hintersten oberen Ecke des Küchenschrankes, wo keines der Kinder hinlangte, zwei verräterisch raschelnde Beutel und schob sie durch den Türspalt in das Wohnzimmer. Am Nachmittag tauschten der Vater und die Mutter die Plätze. Die Mutter marschierte mit der Küchenschere bewaffnet ins Wohnzimmer, währenddessen wir Kinder weiterhin erfolgreich ferngehalten wurden.

Getränke durften natürlich nicht fehlen.

Das Jahr 1968 in der DDR

Im Westen der Republik ist das Jahr 1968 politisch mit den Studentenprotesten verbunden. In der DDR markiert ein anderes Ereignis die Erinnerung an diese Zeit.

Nach dem Mauerbau hatte sich in der DDR vieles geändert. Die Reden der Politiker der SED und der mit ihr „brüderlich verbundenen" Blockparteien über den Sozialismus widersprachen der gesellschaftlichen Realität. Viele Menschen wünschten sich mehr Freiheit, Freizügigkeit und Wohlstand. Das musste doch mit dem Sozialismus vereinbar sein! Den Silberstreif am Horizont sah man im Frühling 1968 in der benachbarten Tschechoslowakei. Der Prager Frühling war der Versuch, unter Führung des Chefs der Tschechoslowakischen Kommunistischen Partei Alexander Dubček ein Liberalisierungs- und Demokratisierungsprogramm durchzusetzen. Ein Charakteristikum war das Bemühen, die Menschen in den Reformprozess einzubeziehen. Das hatte eine ungeheure Anziehungskraft auch in der DDR. Viele Ostdeutschen diskutierten heftig über diese Entwicklungen und wünschten sich Vergleichbares für ihr Land.

Aufgrund der beschränkten Reisemöglichkeiten für DDR-Bürger war die Tschechoslowakei schon länger ein beliebtes Urlaubsziel. Jetzt aber konnte man nicht nur den wohlverdienten Urlaub dort verbringen, sondern erleben, wie man eine andere Form der sozialistischen Gesellschaft aufbaute. Die „Prager Volkszeitung", die es in einer deutschsprachigen Ausgabe gab, wurde zu einer gefragten Lektüre. Wer nicht in die Tschechoslowakei reisen konnte, erwarb sie im Tschechoslowakischen Kulturzentrum am Bahnhof Friedrichstraße in Berlin.

Demonstrieren für einen besseren Sozialismus!

Das Verlangen, zu unseren Nachbarn zu reisen, stieg. In einem internen Bericht an Walter Ulbricht musste man zugeben, dass allein im Monat Juni 1968 244.000 DDR-Bürger als Touristen in die Tschechoslowakei fuhren. Das rief allmählich die DDR-Staatsmacht auf den Plan. Von nun an wurden wöchentlich Berichte angefertigt. So sollte die Tourismuswerbung für die Tschechoslowakei eingestellt werden, die Zollverwaltung verstärkte die Kontrolle und die Wachsamkeit. In MfS-Berichten wurde aufmerksam notiert, dass an verschiedenen DDR-Universitäten die Studenten heftige Diskussionen über Demokratie und Sozialismus führten. Jedoch waren die Aktivitäten der tschechoslowakischen Kommunistischen Partei den anderen Verbündeten im Warschauer Pakt ein Dorn im Auge.

Die heranrollenden Panzer der Armeen der Warschauer-Pakt-Staaten setzten der Reform in der Tschechoslowakei am 21. August 1968 ein Ende. Trotz des herben Rückschlages, den die Verfechter eines „Sozialismus mit menschlichem Antlitz" durch das militärische Eingreifen erlitten, begann sich der Widerstand gegen die bestehenden Verhältnisse allmählich stärker zu formieren.

4. bis 6. Lebensjahr

Volle Gotteshäuser

Obwohl der sozialistische Staat eine kirchenferne, ja oft kirchenfeindliche Politik verfolgte und die meisten Eltern sich nicht als eifrige Kirchgänger betätigten, war am Heiligen Abend alles anders. Selbst die eingefleischtesten Atheisten pilgerten zur Christmesse in die Dorf- und Stadtkirchen. Einmal im Jahr freuten sich der liebe Gott und seine klerikalen Stellvertreter auf Erden über volle Kirchenhäuser – also wie im Westen. Infiziert vom Weihnachtsvirus sang eine proppevolle Kirche das „Stille Nacht, Heilige Nacht!" und das „Ave Maria". In feierlich bewegter Stimmung entließ das Gotteshaus seine Gäste zur Bescherung nach Hause. Wir waren ab da völlig überdreht, kaum zu bändigen und platzten geradezu vor Neugier.

Vor dem Betreten des heimatlichen Wohnzimmers wurde uns vom Vater eingebläut, ja nicht zu sehr herumzutollen, „damit der Baum nicht brennt". Das kennt heute kaum noch einer. Der Weihnachtsbaum, liebevoll geschmückt mit Glaskugeln, Süßwerk, Sternen, Minifiguren und Lametta, leuchtete feierlich mit seinen brennenden Wachskerzen. Die Kerzen steckten in Ringen, an die Klammern gelötet waren, die Halt in den Ästen des Baumes gewährleisteten. Unter dem Baum waren die verschiedensten Geschenke drapiert. Dazwischen standen bunte Pappteller mit Süßwaren, Nüssen und den berühmten Kubaorangen. Kubaorangen? Ja, die Mutter war glücklich, sie zu Weihnachten ergattert zu haben, auch wenn die Orangen eher nach Zitronen schmeckten und ebenso viele Kerne enthielten.

Das Westpaket

Die Weihnachtsteller waren bei uns genauso begehrt wie die Geschenke. Und dazu gab es einen Grund, einen sehr guten Grund sogar. Manche von uns zählten zu den „Privilegierten", das heißt sie hatten Verwandtschaft im anderen Teil Deutschlands. Jedes Jahr um Weihnachten kam das berühmte

Westpaket, das gehütet wurde wie ein orientalischer Schatz. Es waren die herrlichsten und erlesensten Dinge darin. Schokolade in bunten Verpackungen von Suchard, Waldbaur, Milka, Sarotti. Dieser Schokoladengenuss war unschlagbar. Das Silberpapier der Schokolade wurde sorgsam geglättet und aufgehoben. Die Schokoladentafeln wurden portioniert, damit sie möglichst lange reichten.

Ebenso verfuhren wir mit unserem ultimativen Favoriten: den Haribo-Bärchen. Eine Tüte reichte mitunter bis Silvester. Manchmal lagen dem Paket Orangen bei, die in buntem und fremdartig bedrucktem Seidenpapier eingewickelt waren und so vorzüglich mundeten. Mama, Papa und die Großeltern erfreuten sich an dem obligatorischen Paket Tchibo- oder Eduscho-Kaffee. Die Zubereitung der schwarzen Köstlichkeit kam einem feierlichen Zeremoniell gleich. Das sorgfältige Einteilen der Kaffeebohnen war selbstverständlich, schließlich sollte das Päckchen bis ins neue Jahr reichen.

Aber auch Familien, die ohne die berühmten Westbeziehungen auskommen mussten, sorgten in liebevoller Weise für ein besonderes Fest. Oft war Erfinderreichtum angesagt und unsere Eltern – eine Kriegs- bzw. Nachkriegsgeneration – waren in dieser Hinsicht wirkliche Experten. Sie wussten, wie man mit wenigen Dingen etwas Besonderes zauberte. Wozu mühten sich Eltern und Großeltern – wie die meisten damals – vom Frühjahr bis zum Herbst in ihrem kleinen Schrebergarten ab? Köstliche Konfitüren, herrliche eingelegte saure Gurken, eingeweckte Kirschen, Erdbeeren, Pflaumen und die im Keller gelagerten Kartoffeln. Es ging – und geht noch immer – nichts über die eigene Ernte. Alles Bio, würde man heute sagen! Das Selbstgebackene, Eingelegte oder Eingeweckte aus dem Garten ersetzte das Westpaket. Die Weihnachtstage waren eben auch für Augen und Magen Festtage.

Sero und Halstuch

Selbst ist der Mann.

Biete Balken und suche Reifen

Das Jahr unserer Schuleinführung war in gewisser Beziehung kein so gutes Jahr. Es gab große Schwierigkeiten bei der Versorgung mit Wurst- und Fleischwaren. Was die wirkliche Ursache war, wird wohl niemals so richtig geklärt werden können. Wir mussten in der DDR zwar keinesfalls hungern, die Lebensmittelversorgung war gesichert. Aber dennoch – es fehlte an so ziemlich allem. Wichtig waren in jener Zeit die berühmten Beziehungen, aber die braucht man ja heute auch noch. Neben dem offiziellen Markt gab es einen schwunghaften Handel, der vielleicht mit den Begriffen Tauschwirtschaft oder Naturalwirtschaft treffend umschrieben ist. Ein mühsam ergattertes Autoersatzteil wurde gegen ein paar Balken eingetauscht, die der Nachbar benötigte, der im Gegenzug

Chronik

28. Mai 1969
Auf dem VI. Deutschen Schriftsteller-
kongress wird Christa Wolfs Roman
„Nachdenken über Christa T." wegen
„Individualismus" kritisiert.

29. September 1969
Die DDR unterzeichnet den Atomwaffen-
sperrvertrag.

7. Oktober 1969
Der Fernsehturm am Berliner Alexander-
platz wird für den Publikumsverkehr
freigegeben.

1. Januar 1970
Selbstschussanlagen werden an der
innerdeutschen Grenze installiert.

19. März 1970
Historisches Treffen von Bundeskanzler
Willy Brandt und Ministerpräsident Willi
Stoph in Erfurt.

21. Mai 1970
Weiteres Treffen zwischen Brandt und
Stoph in Kassel.

3. Mai 1971
Erich Honecker wird 1. Sekretär des ZK
der SED, nachdem Walter Ulbricht aus
„Gesundheitsgründen" zurückgetreten ist.

27. Juni 1971
Die erste Folge von Polizeiruf 110 wird
ausgestrahlt.

29. Januar 1972
Ein Kessel Buntes aus dem Friedrichstadt-
palast wird im Deutschen Fernsehfunk
übertragen.

14. August 1972
Schwerstes Flugzeugunglück der DDR mit
156 Toten, eine Iljuschin (IL-62) stürzt beim
Flughafen Berlin-Schönefeld kurz nach dem
Start ab.

10. September 1972
Die schwarze US-amerikanische Bürgerrechtlerin und Schriftstellerin Angela Davis
besucht die DDR.

21. Dezember 1972
Der Grundlagenvertrag zwischen der DDR
und der BRD wird von Bundesminister
Egon Bahr (BRD) und Staatssekretär
Michael Kohl (DDR) unterzeichnet.

dafür aus Eisenresten eine Gartentür
schweißte. So problematisch dies war,
es hatte ein paar positive Nebeneffekte.
Die Not erzeugte einen starken Zusam-
menhalt und förderte die Solidarität.

Wie dem auch sei, im Jahr 1969 war
die Versorgung etwas schwierig. Dies
hielt unsere Eltern nicht davon ab, eine
schöne Schuleinführung zu organisie-
ren. Ähnlich wie beim Weihnachtsfest
legte sich die gesamte Familie ins
Zeug, um uns einen unvergesslichen
Tag zu bereiten und die Gäste großzü-
gig zu bewirten.

Die Zuckertüte war fast so groß wie wir.

Die Zuckertüte

Bis heute beherrschen die körpergro-
ßen, üppig gefüllten Zuckertüten das
Bild vom ersten Schultag. In der
Schule, in die wir zukünftig gehen
sollten, empfingen uns die Zweit- und
Drittklässler in Pionierkleidung und

sangen Lieder. Unsere Eltern übergaben uns – sozusagen zum Reinschnuppern – für eine Stunde einer freundlich blickenden Lehrerin, die uns den Klassenraum zeigte. Mit blumigen Worten schilderte sie uns den Schulalltag. Schule und Schulhof waren geschmückt, so hingen mitunter an einem Baum im Schulhof kleine, mit Süßigkeiten bestückte Zuckertüten. Unsere Zuckertüte war prall gefüllt, nicht nur mit Süßem, sondern auch mit praktischen Dingen wie einer Federtasche, Buntstiften und einem Füllfederhalter. Nach dem obligatorischen Fotomarathon ging es für uns aber schnell wieder raus zum Spielen.

Lesen, Schreiben, Rechnen

Unsere Schulen hießen Polytechnische Oberschule, kurz POS. Es war die einzig mögliche Schulform für uns und eine staatliche, unentgeltliche, einheitliche Pflichtschule. Sie war seit dem Jahre 1959 gleichermaßen verbindlich und dauerte zehn Jahre. Die Polytechnische Oberschule war in zwei Stufen unterteilt, Klasse eins bis vier galt als Unterstufe, ab der fünften Klasse war es die Oberstufe.

In der Unterstufe gab es nur wenige Unterrichtsfächer wie „Lesen", „Schreiben", „Rechnen", „Zeichnen", „Sport" und „Musik". Bereits in der ersten Klasse deuteten sich die verschiedenen Talente an: die Streber, die Faulen, die permanent Schwatzenden, die Unterforderten (die sich diversen Streichen widmeten), die eminent Fleißigen (die trotzdem Mühe hatten mitzukommen), aber auch die, die im Sport einen Rekord nach den anderen brachen (aber Probleme hatten, zwei mal zwei zusammenzuzählen).

Ab der zweiten Klasse wurde der Unterricht durch das Fach „Heimatkunde" und in den folgenden Klassenstufen durch die Fächer „Schulgarten" und „Werken" ergänzt.

Vorträge halten war Pflicht.

Die letzten beiden Fächer lehrten uns praktische Dinge wie Möhren anpflanzen und Kanten entgraten. Unter „Heimatkunde" verstand man eine Kombination aus Biologie, Erdkunde, Geschichte (besser Lokalgeschichte) und allgemeinen Informationen. Durch diese interessante Themenmischung war der Lehrinhalt sehr abwechslungsreich. Für viele von uns war es das Lieblingsfach und wir freuten uns auf den Unterricht.

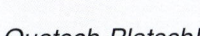

Quatsch-Platsch!

In der DDR gab es mehrere Kultsendungen für uns Kinder. Die größte Popularität erlangten aber zweifellos die Flimmerstunde und das bis heute allseits beliebte Sandmännchen.

Zwar verstand sich das DDR-Kinderfernsehen offiziell „als wichtiges Kettenglied im System der Erziehungsträger", aber Fantasieentwicklung, Kreativität und Unterhaltung nahmen einen großen Raum ein. Die Sendungen waren sehr beliebt und hatten eine hohe Qualität. Filmexperten meinen sogar, dass das DDR-Kinderfernsehen einen echten Vorsprung gegenüber den Kindersendungen des BRD-Fernsehens hatte. Nur so ist zu erklären, dass das Westsandmännchen 1989 eingestellt wurde und das „ostdeutsche" Sandmännchen bis heute Einschaltquotenrenner ist.

Kein Kind geht ohne den Schlafsand des Sandmännchens ins Bett! Als am 22. November 1959 die erste Sendung ausgestrahlt wurde – in Akkordarbeit schaffte man es, vor dem westdeutschen Sandmännchen zu starten – dachte wohl niemand, dass das Sandmännchen so beliebt werden würde. Gründe für den großen Erfolg waren, dass das Sandmännchen nie sozialistisch wirkte und ihm

Die ewig jungen Fernsehstars.

charmante und attraktive Figuren an die Seite gestellt wurden.

Meister Nadelöhr war zwar vor dem Sandmännchen auf Sendung, wurde aber erst dort populär. Hinzu kamen in den Jahren 1959 und 1960 Herr Fuchs und Frau Elster. Waren sie am Anfang ein Gaunerpärchen, spielten sie ab 1963 das stets streitende, biedere und überaus sympathische Paar. Richtig Leben in die Bude kam mit Pittiplatsch und Schnatterinchen, die wie ein Sinnbild der Kindereigenschaften waren: hier das artig-brave Mädchen und dort der freche, stets zu Schabernack aufgelegte Junge. Kultig waren die Sprüche, so wenn Pittiplatsch sagte „Ach du meine Nase!" oder „Quatsch-Platsch!". Unvergessen bleiben die beiden lustigen Puppenkinder Flax und Krümel und „Frau Puppendoktor Pille, mit der großen, klugen Brille"!

Sagenumwobene Plätze

Es gab einen weiteren Grund, das Schulfach Heimatkunde zu mögen: Oft war dieses Fach mit kleinen Exkursionen zu umliegenden Wiesen, Waldstücken, Seen, geschichtlichen Denkmalen und Bauwerken verbunden. Zumeist ließen sich die Lehrer etwas einfallen. Sie kontaktierten Förster, Bauern, Museumsmitarbeiter und Heimatforscher, die uns Schülerinnen und Schülern in der Praxis etwas über die Tiere des Waldes, das Wachsen des Korns oder über geschichtliche Ereignisse der Gegend erzählten. Es gab Exkursionen zu geheimnisvollen Höhlen oder Plätzen in der näheren Umgebung des Wohnortes. Mit großer Spannung eroberten wir die alten Gemäuer einer Burgruine, durchstöberten gemeinschaftlich die Kellerräume eines Schlosses oder lauschten ehrfürchtig dem Flüsterton in einer Kirche.

Mit einer Mischung aus Erzählen und Vorlesen brachte man uns den Sagenschatz unserer Heimat nahe. Meistens waren wir unglaublich gespannt und oft konnten wir die in den Geschichten beschriebenen Personen und Tiere deutlich vor unseren Augen sehen. Eine anmutig gewachsene Birke wurde zur Elfe. Und lugte nicht zwischen dem dichten Farn die Mütze eines Kobolds hervor? Für uns war die Welt grenzenlos und voller Geheimnisse.

Die beiden Fächer „Schulgarten" und „Werken" gefielen uns zumeist weniger. Das Anpflanzen von Gemüse, Obst und Blumen oder das Zuschneiden, Feilen, Biegen von Material – so nützlich diese Kenntnisse auch sein mögen, schließlich sollten wir unsere Rolle als zukünftige Arbeiter einüben – regte unsere kindliche Fantasie weit weniger an.

Märchen und Zauberer

Ein echter Straßenfeger war die berühmte Flimmerstunde am Samstagnachmittag. Der DEFA-Schauspieler Walter E. Fuß führte als Professor Flimmrich in die Welt des Fernsehens. Interessant und kindgerecht gab es Informationen aus und über dieses Medium. Und regelmäßig wurden Kinderfilme gezeigt. Mancher erinnert sich bestimmt an die Märchenfilme „Schwarze Mühle", „Frau Holle", „Das singende, klingende Bäumchen" – alles DEFA-Filmproduktionen, die bis heute gezeigt werden. Außerdem standen TV-Produktionen aus dem benachbarten Tschechien hoch im Kurs, so z. B. „Das Mädchen auf dem Besenstiel". Für Furore sorgte vor allem die tschechisch-ostdeutsche Koproduktion „Drei Haselnüsse für Aschenbrödel". Das 1973 erstmals ausgestrahlte Märchen begeistert um die Weihnachtszeit Alt und Jung.

Gebannt folgten wir der tschechischen Serienproduktion Pan Tau. Pan Tau war

Wir liebten Pan Tau, die Kinder im Westen übrigens auch.

ein elegant gekleideter, stets lächelnder Herr im schwarzen Anzug mit einer Melone, einem Regenschirm und einer weißen Nelke im Knopfloch. Er war ein Zauberkünstler. Mit seiner Melone ließ er irgendwelche Sachen verschwinden oder verwandelte sich selbst in eine kleine Puppe. Pan Tau war stumm, mittels Pantomime verständigte er sich mit den Kindern. Vor den Eltern versteckte er sich geschickt und weckte in uns die Sehnsucht, wie er zu sein oder zumindest so jemanden wie ihn zum Freund zu haben.

Ganztagsjob

Nachmittags, nach dem Schulunterricht, wurden wir im Kinderhort betreut. Der Schulhort öffnete seine Pforten morgens um 6 Uhr für die Schüler der ersten bis vierten Klasse und schloss sie um 17 Uhr nachmittags. Für die Hausaufgaben standen pädagogisch geschulte Fachkräfte zur Verfügung. Es handelte sich also insgesamt um eine Art Ganztagsschule. Was heute längst keine Selbstverständlichkeit ist, war damals eine gute Entlastung berufstätiger Eltern. Das Schuljahr startete am 1. September des Jahres und umfasste in der Regel 210 Schultage. Das bedeutet, wir hatten auch an den Samstagen vier bis fünf Stunden Unterricht. Die Schule war ein Teil des Lernens für das Leben, um „unsere Rolle im sozialistischen Alltag" zu finden.

Schule bedeutete Bildung und zunehmende subtile Politisierung. Schon als Vorschul- und Kindergartenkinder hatten wir die Pioniere mit ihren Blusen und Halstüchern gesehen, (heimlich) beobachtet und oft auch bewundert. Jungpionier zu sein war für viele von uns ein Traum.

Wie wenig wussten wir von der Welt, wie wenig ahnten wir, dass diejenigen, die ihre Kinder dieser staatlichen Gleichschaltung entziehen wollten, es in der DDR nicht einfach hatten. Davon bekamen wir oft nichts oder nur wenig mit. Wir fanden es einfach „schick", Pionier zu sein. Außerdem taten sie viele nützliche Dinge und schließlich hatten die Pioniere ein leuchtendes Vorbild, dem man nacheifern musste: nämlich „Timur und seinen Trupp". Viele werden sich an das gleichnamige Kultbuch des sowjetischen Schriftstellers Arkadi Gaidar erinnern.

Das blaue Halstuch

Wir Jungpioniere waren an unserer Kleidung zu erkennen. Sie bestand für die Mädchen aus einer weißen Bluse und einem dunklen Rock, für die Jungen aus einem weißen Hemd und einer dunklen Hose. Um den Kragen wurde das

blaue Halstuch mit einem ordentlichen Knoten gebunden und auf dem Kopf trugen wir ein dunkelblaues Käppi mit dem Pionierabzeichen darauf. Diese Pionierkleidung wurde allerdings nicht täglich getragen, sondern war nur an Fest- und Feiertagen Pflicht. Kinder, die nicht bei den Pionieren waren, fielen bei Veranstaltungen besonders auf. Wer wollte sich schon sozial ausgrenzen lassen? Die Organisation der Pioniere war straff.

Wir fröhlichen Pioniere.

Ab dem zweiten Schuljahr wurde jährlich der Jungpionierrat gewählt. Er bestand – je nach Klassenstärke – aus fünf bis sieben Schülern. Der Rat bestimmte den Vorsitzenden und dessen Stellvertreter. „Immer bereit" – so lautete die Losung.

PIONIERE

Die Gebote der Jungpioniere
Wir Jungpioniere lieben unsere Deutsche Demokratische Republik.
Wir Jungpioniere lieben unsere Eltern.
Wir Jungpioniere lieben den Frieden.
Wir Jungpioniere halten Freundschaft mit den Kindern der Sowjetunion und aller Länder.
Wir Jungpioniere lernen fleißig, sind ordentlich und diszipliniert.
Wir Jungpioniere achten alle arbeitenden Menschen und helfen überall tüchtig mit.
Wir Jungpioniere sind gute Freunde und helfen einander.
Wir Jungpioniere singen und tanzen, spielen und basteln gern.
Wir Jungpioniere treiben Sport und halten unseren Körper sauber und gesund.
Wir Jungpioniere tragen mit Stolz unser blaues Halstuch.
Wir bereiten uns darauf vor, gute Thälmannpioniere zu werden.

Zeitungen der Pioniere
- *Die ABC-Zeitung – die Zeitung für die ABC-Schützen*
- *Atze – dies war ein Art Comic-Heft, in dem gute Taten geschildert wurden*
- *Trommel – Zeitung für Schüler und Thälmannpioniere*
- *FRÖSI – eigentlich „Fröhlich sein und singen", das Pioniermagazin für Jungen und Mädchen der DDR*

Die Lieder der Pioniere wurden bei zahlreichen Gelegenheiten gesungen.
- *Unser kleiner Trompeter*
- *Moorsoldaten*
- *Dem Morgenrot entgegen*
- *Wann wir schreiten Seit an Seit*
- *Brüder seht die rote Fahne*
- *Bandiera Rossa*
- *Bella Ciao*
- *Thälmann-Kolonne*
- *Thälmann-Lied*

Immer was los

Wie sah der Alltag der Jungpioniere aus? Im Grunde setzte man auf unsere natürliche Hilfsbereitschaft, Neugier, Abenteuer- und Entdeckerlust sowie unseren Eifer, stets die Besten sein zu wollen. Allerdings geschah dies, wie man uns versicherte, nicht etwa zum Eigennutz, sondern zum Wohle der Gemeinschaft.

Die meiste Pionierarbeit fand an den Schulen statt und viele Veranstaltungen wurden im Pionierhaus, in Arbeitsgemeinschaften usw. durchgeführt. Es standen die notwendigen Mittel zur Verfügung, ebenso Betreuer und Lehrer. So war es möglich, an zahlreichen interessanten Veranstaltungen und Exkursionen teilzunehmen.

Bei der Organisation von Veranstaltungen konnten wir in vielen Fällen auf die Hilfe unserer Patenbrigaden zurückgreifen. Die einzelnen Pioniergruppen unterhielten enge Patenschaftsbeziehungen mit Abteilungen in Betrieben, manchmal sogar Einheiten der Nationalen Volksarmee (NVA). Die Patenschaft sah intensive Unterstützung unserer Pionierarbeit vor, häufig materieller Art. So manche Reparatur oder Renovierung (in Einzelfällen sogar der Neubau) von Schulen finanzierten und führten die Betriebe durch. Sie sponserten tatkräftig Veranstaltungen der Pioniere.

Oft hatten wir unsere Auftritte.

SERO

Im Gegenzug traten wir Schüler bei manchen Veranstaltungen der Patenbrigaden auf. Wir sangen Lieder, trugen Gedichte vor und zeigten so, was wir in der Schule gelernt hatten. Eine andere Gegenleistung – zumindest volkswirtschaftlich betrachtet – bestand aus den fast schon als legendär zu bezeichnenden

Altstoffsammlungen. Eigentlich hieß die Aktion nicht Altstoffsammlung, sondern „SERO", was für Sekundärrohstofferfassung steht. Da die DDR mit natürlichen Ressourcen nicht gesegnet war und politisch und wirtschaftlich nur die einseitige Ausrichtung auf den sowjetischen Machtbereich übrig blieb, versuchte man sich anders zu helfen. Mit SERO wollte man Dinge, die als Abfall bezeichnet wurden, einer Wiederverwertung zuführen. Zweifellos war dieses System ein umweltfreundliches. Das SERO-System erfasste gebrauchte Flaschen, Papier, Metall usw. Diese wurden in speziellen Sammelstellen gegen Geld abgegeben.

Für Flaschen gab's zwischen fünf und 30 Pfennig, einiges mehr gab es für ein gebündeltes Kilo Papier. Für besonders fleißiges Sammeln erhielt man sogar ein Lob an der Wandzeitung oder beim Fahnenappell. Die organisierten Altstoffsammlungen durch die Pionierorganisation trafen zwar auf große Resonanz, hatten aber ein entscheidendes Manko: Die Erlöse landeten nicht in unseren Hosentaschen, sondern in der Klassenkasse oder wurden für eine der zahlreichen Solidaritätsaktionen gespendet.

Schon bald hatten wir Abhilfe für unsere stets leeren Hosentaschen gefunden. Einigen älteren Damen in unserer Straße trugen wir regelmäßig die Einkauftaschen in die Wohnung, im Gegenzug erreichten wir, dass sie ihre leeren Flaschen und Zeitungsbündel nur uns und sonst niemandem überließen. Von nun an sammelten wir mit Feuereifer. Der Erlös wurde in Eis und Zuckerstangen umgesetzt oder gespart, um sich einen besonderen Wunsch zu erfüllen.

In den Winterferien fand das Manöver „Schneeflocke" statt, das von Einheiten der Nationalen Volksarmee organisiert wurde und bei uns auf eine riesige Resonanz und Beteiligung stieß. Damals merkten wir nicht, dass das Manöver eigentlich eine Art militärisches Geländespiel war. Manchen Eltern bereitete es außerordentliche Kopfschmerzen, diese Begeisterung bei ihren Sprösslingen zu sehen, andere hatten Probleme, ihren Kindern die untersagte Teilnahme am Manöver zu erklären.

Die erste Fahrradtour

Auf unser neues Fahrrad – es gab nur die Wahl zwischen den DDR-Marken Mifa und Diamant – waren wir stolz wie Oskar und freuten uns auf unsere erste Fahrradtour. Wir hatten auf Plätzen und ruhig gelegenen Straßen geübt und glaubten uns vorbereitet, mindestens für die halbe Welt. Außerdem, wenn die Friedensfahrt alljährlich die DDR kreuzte und wir den Fahrern zujubelten, hatten wir das unbändige Verlangen, wenigstens nur ein klitzekleines Stück bei den Großen mitfahren zu dürfen.

Aber für diesen Nachmittag im Frühsommer war „nur" eine Fahrradtour gemeinsam mit den Eltern geplant. Besser als gar nichts. Merkwürdig war, dass der Vater den Radanhänger aus Zink an seinen Drahtesel montierte. Bei dem Tempo, das wir einzuschlagen gedachten, könnte das schwierig werden. Und was sollten die drei leeren Flechtkörbe? Uns schwante Böses. Und los ging's. Wir traten kräftig in die Pedale, ließen uns mal hinter den Eltern zurückfallen, überholten sie mit Übermut, fuhren weit vorweg. Und wieder und wieder. Irgendwann stoppten die Eltern an einem freien Feld. Was sollte denn das? Wir hatten doch gerade erst angefangen! Plötzlich verstanden wir. Die ganze Zeit hatte der Vater die Trecker der LPG beobachtet, jetzt waren sie weg. Und nun kam die Arbeit. Da hatten wir nicht den Salat, sondern die Kartoffeln: Kartoffelnstoppeln war angesagt.

In der Zwischenzeit waren weitere Familien eingetroffen. Und man konnte sehen, dass wir nicht die Einzigen waren, die den ersten Fahrradausflug so verbrachten.

Ihnen wollten wir nacheifern – den Teilnehmern der Friedensfahrt.

Von Frank Schöbel zu den Puhdys

Ende der 60er-, Anfang der 70er- Jahre kam die Musikszene in der DDR in Bewegung. Internationale Einflüsse machten vor Mauer und Stacheldraht nicht länger Halt und vor allem Jugendliche und jüngere Erwachsene orientierten ihren Musikgeschmack an den großen Bands im Westen. Das Bemühen der Partei, den Bedürfnissen der jungen Generation entgegenzukommen, und die gleichzeitige Sorge vor einer zu starken „Verwestlichung" verlief nicht ohne Konflikte. Ein populäres Beispiel ist der durch die Singebewegung sehr bekannt gewordene Oktoberklub („Sag mir wo du stehst"). Gegründet als „Hootenanny-Club-Berlin", war dem Staat der Name der Gruppe suspekt, doch obwohl der Name englisch klingen mag, hatte er mit der englischen Sprache kaum etwas zu tun. Die FDJ-Bezirksleitung Berlin erzwang die Umbenennung in „Oktoberklub". Schließlich feierte man 1967 den fünfzigsten Jahrestag der russischen Oktoberrevolution, das passte. Der Oktoberklub war der erste Singeklub der DDR und fand zahlreiche Nachahmer.

Die Schlagermusik erfreute sich immer größerer Beliebtheit. Das war vor allem dem Journalisten und Entertainer Heinz Quermann zu verdanken. Er moderierte u. a. den Quotenrenner „Schlagerrevue", der wöchentlich von Radio DDR 1 gesendet wurde. Durch ihn gelangten Schlagergrößen wie Dagmar Frederic, Frank Schöbel, Chris Doerk sowie Helga Hahnemann zu einem großen Bekanntheits- und Berühmtheitsgrad. Trotz Versuchen des Staates, die ausländischen Einflüsse zu unterbinden, etablierte sich auf behutsame Weise die Beatmusik. Da die englische Sprache auf den Widerstand der Kulturadministration traf und die Musiker selbst die

Frank Schöbel und Chris Doerk waren Superstars.

deutsche Sprache als künstlerisch problematisch sahen, verlegte man sich auf Instrumentalmusik.

Im Gefolge der Beatmusik fand die Blues- und Rock-Musik Anfang der 70er-Jahre enormen Anklang. Sie beeinflusste zahlreiche talentierte Musiker, die in jener Zeit in eine große Karriere starteten. Jürgen Kerth, Hansi Biebl oder Stefan Diestelmann nahmen Anleihen aus dieser Musikszene für ihre eigenen Titel.

Inzwischen hatte der Staat zwar ein wachsames Auge auf die Musikszene, begann aber auch gezielt eine „eigene DDR-Musik" durch Talentwettbewerbe zu fördern. Rundfunksendungen, wie das beliebte DT-64 und das bekannte DDR-Schallplattenlabel Amiga sorgten für eine rasche Verbreitung der Musik. Mancher Band verschafften sie dabei einen legendären Ruhm bis weit über die Landesgrenzen hinaus. Viele der Musiker hatten Musik studiert oder zumindest das Spielen eines Instruments professionell erlernt. Ihr langjähriger Erfolg – manche Bands bestehen bis heute – beruht eben gerade auf dieser musikalischen Qualität. Bands wie die Klaus-Rent-Combo, Lift, die Puhdys, Wir, Electra oder auch Panta Rhei und Reinhard Lakomy machten in jener Zeit auf sich aufmerksam.

ESP und Digedags

Eine Stufe weiter

Mit dem Jahr 1973 begann für uns ein neuer schulischer Lebensabschnitt. Wir bekamen nicht nur eine andere Klassenleiterin, sondern auch unser Unterricht wurde umgestellt und erweitert. Beispielsweise wurde das Fach „Heimatkunde" durch die naturwissenschaftlichen Fächer „Biologie", „Geographie" und „Geschichte" ersetzt. Später, mit der siebten Klasse, kam das Fach „Chemie" dazu sowie die Fächer „Produktive Arbeit", „Technisches Zeichnen" und „ESP".

Chronik

27. März 1973
Beschluss des Politbüros der SED zur Lösung des Wohnungsproblems bis zum Jahre 1980.

1. August 1973
Tod Walter Ulbrichts.

11. September 1973
Militärputsch in Chile, General Pinochet beseitigt die demokratisch gewählte Regierung unter Salvador Allende, der Selbstmord begeht.

19. Dezember 1973
DDR-Bürger dürfen im Intershop mit Westmark einkaufen.

24. April 1974
Verhaftung Günter Guillaumes, des persönlichen Referenten von Bundeskanzler Brandt, wegen Spionage für die DDR.

9. August 1974
Rücktritt des USA-Präsidenten Nixon aufgrund der Watergate-Affäre.

2. Januar 1975
Jugendtourist-Reisebüros werden eröffnet.

30. April 1975
Die nordvietnamesische Armee und FNL-Truppen erobern Saigon, der Vietnamkrieg endet damit.

1. August 1975
Unterzeichnung der KSZE-Schlussakte.

19. Dezember 1975
DDR und BRD vereinbaren den Ausbau der Transitstrecken nach Berlin.

23. April 1976
Eröffnung des Palastes der Republik in Berlin.

30. Juli 1976
Erhöhung der DDR-Mindestlöhne auf 400 Mark.

3. November 1976
Der DDR-Schriftstellerverband schließt Rainer Kunze nach der Publizierung von „Die wunderbaren Jahre" in der BRD aus.

16. November 1976
Der Liedermacher Wolf Biermann wird ausgebürgert.

Jetzt war das Thälmannpionierabzeichen gefragt.

ESP? Wir erinnern uns: „Einführung in die sozialistische Produktion", ein Fach, das uns ebenso wie „Staatsbürgerkunde" auf unsere zukünftige Rolle als ordentliches (und funktionierendes) Mitglied in der Diktatur des Proletariats – wie sich die DDR ja selbst gern nannte – vorbereiten sollte. Trotz dieser Einschränkung lässt sich sagen, dass die Ausbildung in den naturwissenschaftlich-technischen Fächern auf einem sehr hohen Niveau angeboten wurde.

Das waren nicht die einzigen Veränderungen. Es kam ein weiteres Fach hinzu, das vermutlich nur die wenigsten mochten: „Russisch". Russisch war die erste Fremdsprache, die wir erlernen mussten, und das gleich im Mega-Pack! Ab Klasse 5 paukten wir sechs Wochenstunden, ab Klasse 6 fünf, von Klasse 7–10 drei Wochenstunden die Sprache des großen sowjetischen Bruders. Weitere Fremdsprachen kamen erst ab dem siebten Schuljahr dazu. Da konnte man wählen zwischen Englisch und Französisch.

11. bis 14. Lebensjahr

Das rote Halstuch

Bereits seit der vierten Klasse waren wir – als sichtbares
Zeichen, dass wir größer wurden – nicht mehr Jung-
pioniere, sondern rückten zu Thälmann-Pionieren auf.
Diese trugen seit dem Jahre 1973 nicht mehr ein blaues,
sondern ein rotes Halstuch. Bevor wir jedoch in die
Reihen dieser Organisation aufgenommen wurden,
mussten wir in einer feierlichen Zeremonie das Gelöbnis
der Thälmannpioniere ablegen: „Ernst Thälmann ist mein
Vorbild. Ich gelobe zu lernen, zu arbeiten und zu kämpfen, wie es Ernst
Thälmann lehrt. Ich will nach den Gesetzen der Thälmannpioniere handeln.
Getreu unserem Gruß bin ich für Frieden und Sozialismus immer bereit."
Ähnlich wie die Kleidung unterschied sich die hierarchische Organisation von
den Jungpionieren nur unwesentlich. Der Pionierrat hieß eben nicht mehr
Pionierrat, sondern Freundschaftsrat und der Pionierratsvorsitzende hieß eben
nicht mehr Pionierratsvorsitzender sondern Freundschaftsratsvorsitzender.

Auch für gute Leistungen konnte man mit „Orden"
dekoriert werden.

Der DDR-Comic schlechthin!

Durch die Schulbildung und die Thälmannpionierarbeit versuchte man uns zu
einer „allseits entwickelten sozialistischen Persönlichkeit" zu erziehen. Doch
nach der Schule und den Verpflichtungen der Jugendorganisation ging für uns

das Leben erst richtig los. Es gab vor allem zwei Sorten von Spielen, die wir mit großer Inbrunst spielten: Cowboy und Indianer und Ritter. Nahrung erhielt unsere Abenteuerlust vor allem durch den DDR-Kultcomic schlechthin: das „Mosaik". Gegründet von Hannes Hegen (eigentlich Johannes Hegenbarth), erschien es in den Jahren von 1955 bis 1975. Haupthelden des Mosaiks waren die Digedags, drei Jungen namens Dig, Dag und Digedag. Sie waren Zeitreisende, die quer durch die menschliche Geschichte wandelten und spannende Abenteuer erlebten. Auf diese Weise erhielten wir eine andere interessante und intelligent gemachte Form von Geschichtsunterricht. Einmal im Monat kam ein Heft heraus, so etwas wie ein Abo gab es nicht. Also stellten wir uns mit der Frau im Zeitungsladen gut, die ein Exemplar für uns beiseitelegte. (Heute kosten die Originalausgaben ein kleines Vermögen.)

IN HOFFNUNGSLOSER LAGE

Ohne Dig, Dag und Digedag ging nichts.

Kult um Ritter Runkel

Uns hatten es besonders die zwei Reihen um Ritter Runkel und die Erlebnisse im Wilden Westen angetan. Von 1964 bis 1969 erschien die Serie über den Ritter Runkel. Die Rahmenhandlung ist schnell erzählt. Ritter Runkel bricht im Jahre 1284 ins Heilige Land auf, weil einst sein Vater auf der Flucht vor den Türken einen vergrabenen Schatz zurücklassen musste. Runkel erlebt die haarsträubendsten Abenteuer, erzählt mit einem netten Augenzwinkern. Was die Geschichten so interessant machte, war die sympathische Darstellung des Ritters Runkel.

Er war zwar ein Prahlhans, aber auch tapfer und hatte einen Hang zur Tollpatschigkeit. Er schlitterte immer wieder in Situationen, aus denen ihn die Digedags mit List befreiten. Obwohl die Hefte vor der Zeit erschienen waren, in der wir lesen konnten, borgten wir sie uns von den Älteren, die unsere Begeisterung teilten. Oft setzten die in der DDR üblichen Tauschgeschäfte ein, um in den Besitz einer vollständigen Reihe zu gelangen.

Viele der Erlebnisse spielten wir mit unseren Kameraden nach. Mit großer Fantasie verwandelten wir einen Holzstapel in eine unbezwingbare Ritterburg

und duellierten uns mit unseren Schwertern, gefertigt aus Haselnussstöcken. Einige lagen den Eltern wegen der entsprechenden „Ausrüstung" in den Ohren. So zimmerte der Vater ein kunstvolles Holzschwert und die Mutter nähte aus Stoffresten einen Umhang mit Wappen. Nur mit dem Helm wollte das nicht so klappen, doch wir waren ja erfinderisch! In einen mittleren Plastikeimer (den die Mutter im Haushalt verwendete) wurden mit einer brennenden Kerze Augenschlitze und eine Mundöffnung gebrannt, sodann der Henkel entfernt und durch zwei Bänder ersetzt. Der Nachmittag endete mit einer Ohrfeige und Stubenarrest.

Gojko Mitic statt Karl May

Wenn wir des Ritterdaseins überdrüssig waren, spielten wir zur Abwechslung Cowboy und Indianer. Wir entnahmen Anleihen aus dem Mosaik, denn zu unserer Zeit erschien gerade die Digedag-Reihe im Wilden Westen. Nicht zu vergessen die berühmten DEFA-Indianerfilme mit Gojko Mitic, die waren damals Kult.

Die DEFA-Studios in Potsdam-Babelsberg produzierten von 1966 bis 1979 insgesamt zwölf Indianerfilme. Sie entstanden in Kooperation mit Filmstudios in Jugoslawien, Rumänien, der Sowjetunion, Bulgarien und auf Kuba. Sie galten als die sozialistische Antwort auf die Karl-May-Verfilmungen, die in den westdeutschen Kinos ausgestrahlt wurden.

Die Indianerbegeisterung in Ost und West ist kaum zu erklären. Zumeist wurden romantische Vorstellungen mit Rebellentum und Freiheitsdrang verknüpft. Den künstlichen und historisch außerordentlich fragwürdigen Karl-May-Filmen in der Bundesrepublik sollte ein realistischeres Indianerbild durch die DEFA entgegengesetzt werden. Gleichzeitig wurde damit eine Kapitalismuskritik verknüpft. Doch all das interessierte uns nicht. Wir wollten an den Abenteuern, die die Indianerhäuptlinge erlebten, teilhaben oder sie zumindest nachspielen. Der erste Film der DEFA war „Die Söhne der großen Bärin". Er war nach einem beliebten, wissenschaftlich anerkannten Roman der Historikerin Liselotte Welskopf-Henrich gedreht. Es folgte „Chingachgook, die große Schlange", in Anlehnung an das berühmte Buch „Wildtöter" von James Fenimore Cooper.

Freche Streiche

Aber unsere Freizeitbeschäftigung endete nicht etwa bei Rittern und Indianern. Unsere Streiche wurden raffinierter, wir wurden kreativ. Da schmierten wir schon mal die Schultafel mit Butter ein oder drapierten Reißzwecken auf den Sitz der Stühle. Ein weiterer Streich machte manchen von uns berühmt, denn er fand viele Nachahmer. So waren in einer Wohnsiedlung alle Gartenzäune gleich. Sie trugen sogar dieselbe Farbe und die Türen dieselben Schlösser. Eines Nachts wurden alle Gartentore ausgehängt und in der Mitte der Straße auf einen Haufen gelegt. Es dauerte über eine Stunde, ehe die Bewohner ihr Tor wiedergefunden hatten.

Beliebt war auch der Maggitrick. Der Vater und seine Nachbarn pflegten nach getaner Arbeit am Gartenzaun einen Schluck aus der Aromatique-Flasche zu nehmen. Das war dieser bis heute produzierte, tiefdunkle Kräuterlikör „Echter Neudietendorfer Aromatique". Wir vertauschten einfach nur den Inhalt der Flasche mit dem der Maggiflasche. Danach hieß es, flinke Beine zu haben.

Auch ein Marterpfahl war für uns kein Hindernis.

Sparwasser schießt ein Tor für die Ewigkeit.

1974 – 1:0!!!

Es war der 22. Juni 1974 in Hamburg, die ganze DDR und vermutlich auch die ganze BRD saßen vor dem Fernseher. An diesem Tag fand das Spiel um den Gruppensieg zwischen den Fußballnationalmannschaften der DDR und der BRD (es sollte das erste und letzte bleiben) bei der Fußballweltmeisterschaft statt.

Die BRD-Elf – gespickt mit Weltstars wie Franz Beckenbauer, Günter Netzer, Paul Breitner und Gerd Müller – galt als Favorit. Doch zur großen Überraschung aller gewann die von Georg Buschner trainierte ostdeutsche Truppe durch ein Tor von Jürgen Sparwasser in der 78. Minute sensationell mit 1:0. Danach stand die gesamte DDR kopf! Die DDR wurde noch vor den Westdeutschen Gruppensieger! Für 90 Minuten identifizierten sich alle mit diesem Staat. So viel Patriotismus sollten die Menschen in der DDR kaum wieder zeigen.

Die Männer um Kapitän Bernd Bransch, Hans-Jürgen Kreische, Jürgen Sparwasser, Martin Hoffmann und Jürgen Croy stiegen binnen 90 Minuten zu Nationalhelden auf. An jenem Abend wurde die Nacht zum Tag gemacht, das Feiern nahm kein Ende. Das war Balsam für die ostdeutsche Seele. Zwar überlebte die DDR die nächste Runde nicht und musste am Ende zusehen, wie der westdeutsche Konkurrent mit einem 2:1-Sieg über die Niederlande im Finale von München zum zweiten Mal nach 1954 Weltmeister wurde, doch von jenem Moment an wurde Fußball in der DDR zu einem Massensport.

Weltfestspiele

Vom 28. Juli bis 5. August 1973 fanden in Ostberlin die X. Weltfestspiele der Jugend und Studenten statt. Es war nach 1951 zum zweiten Mal, dass sich die sozialistische Jugend in der DDR zu diesen Festspielen traf. 1973 stand das Treffen unter dem Motto: „Für antiimperialistische Solidarität, Frieden und Freundschaft". Insgesamt fanden 25.600 Jugendliche aus 1700 nationalen und 18 internationalen Jugendvereinigungen, die 140 Länder entstammten, den Weg nach Berlin. Ehrengäste waren die US-amerikanische Bürgerrechtlerin Angela Davis und die sowjetische Kosmonautin Valentina Tereschkowa.

Die Weltfestspiele waren ein großes Ereignis.

Auf dem Treffen bekundeten die Teilnehmer vor allem ihre Unterstützung und Solidarität für den Präsidenten Chiles, Salvador Allende, der wenig später durch einen Putsch der Armee unter General Pinochet entmachtet wurde.

Sport spielte generell eine große Rolle in der DDR.

Straßenkicker

Während unserer Kindheit wurde viel Wert auf Sport gelegt. Regelmäßig fanden Spartakiaden statt, bei denen Trainer verschiedenster Sportarten nach Talenten Ausschau hielten. Doch dies war zumeist Pflichtsache. Seit der Fußball-WM jedoch kickten wir auf jedem Schulhof und in jeder freien Minute gegen den Ball. Wiesen, Äcker, Straßen, alles, was zum Fußballplatz taugte, wurde umfunktioniert. Die heute in Deutschland ausgestorbene Spezies der Straßenkicker, damals gab es sie an jeder Ecke. Jeder wollte ein Sparwassertor schießen. So manche Fensterscheibe ging dabei zwar zu Bruch, aber die Liebe zum runden Leder blieb ungebrochen.

Gespaltene Herzen

Unter den Fußballfans bildete sich allmählich eine merkwürdige, oft bis heute anhaltende Tradition heraus, die nur schwer zu erklären ist und manchmal nicht rational erscheint. Der DDR-Fußballfan fieberte bei den Landesmeisterschaften gleich bei zwei Mannschaften mit. Man hatte den DDR-Stammverein in seiner Region und pilgerte in dessen Stadion. Zugleich gab es in der westdeutschen Bundesliga einen Verein, dem man die Daumen drückte, mit dem man litt und feierte. So schwärmten die Mecklenburger zwar für ihren einheimischen FC Hansa Rostock, hatten aber auch ihr Herz für den Hamburger SV oder den SV Werder Bremen entdeckt. Oder die Sachsen, die ihr Dynamo (Dinaahmooo) Dresden liebten und für Borussia Dortmund schwärmten, wegen der gleichen Trikotfarben.

Die Thüringer wiederum zog die Fußballliebe nicht nur zu FC Carl Zeiß Jena und Rot-Weiß Erfurt, sondern ebenso zu den Großkopferten, dem FC Bayern München oder Eintracht Frankfurt. Schwierig war es vor allem in Berlin, wo der Ostberliner dem 1. FC Union huldigte, den Stasi-Retortenklub BFC Dynamo hasste und die „alte Dame" Hertha BSC – wie man zu sagen pflegte – aus Westberlin verehrte.

Es war schon skurril zu erleben, wie samstags zwischen den Radiosendern hin- und hergezappt wurde, um die Übertragungen von DDR-Oberliga und Bundesliga live zu hören. Ab 18.00 Uhr folgte die Fortsetzung im Fernsehen! Und das kam einer körperlichen Ertüchtigung gleich, denn es gab ja keine Fernbedienung.

Endlich Ferien

Seit den 70er-Jahren waren die Sommerurlaube, die in der Regel die Monate Juli und August umfassten, für uns immer wichtiger geworden. Das lag vermutlich am Älterwerden. Regelmäßig fuhren wir in die Kinderferienlager, aber auch

Haben wir auch wirklich alles mitgenommen?

46

öfter mit der ganzen Familie in Urlaub. Da die Reisefreiheit in der DDR aus bekannten Gründen eingeschränkt war, gab es nur wenige Möglichkeiten, im Ausland Urlaub zu machen. Die bevorzugten Reiseziele waren die Tschechoslowakei, Ungarn oder Bulgarien.

Bei den meisten konzentrierte sich der Urlaub jedoch auf Regionen in der DDR, vor allem die Ostseeküste, den Thüringer Wald oder das Erzgebirge. In der Regel gab es dabei zwei Varianten: den begehrten Platz in einem FDGB-Urlauberheim oder Camping.

Die Ferienheimplätze des DDR-Gewerkschaftsbundes FDGB waren schwer zu bekommen. In den 70er-Jahren standen zwar 1200 Heime in den Ferienregionen Ostdeutschlands zur Verfügung, aber das Problem war die Vergabe. Diejenigen, die sich gesellschaftlich engagierten oder in ausgezeichneten sozialistischen Kollektiven tätig waren, hatten bessere Chancen.

Manchmal glich die Vergabe einem Lotteriespiel oder es waren die berühmten „guten Verbindungen" zur Ferienkommission des Betriebes hilfreich, deren Mitgliedern man bisweilen bei der Entscheidung mit einem begehrten Ersatzteil für den Trabbi auf die Sprünge half. Der Vorteil eines Ferienplatzes lag auf der Hand: Er war äußerst preiswert und jeder konnte sich das leisten. So kostete eine Woche auf der Insel Rügen etwas mehr als 30 DDR-Mark pro Person.

Plumpsklo oder freie Natur

Das ganze Gegenteil war der Natur-Pur-Urlaub, das Camping, das sich der allergrößten Beliebtheit erfreute. Auf den meisten Zeltplätzen musste man sich ein halbes Jahr vorher anmelden, um einen Platz zu erlangen. Aber viele hatten eine Art Dauerabonnement und es gab häufige Absprachen und Tauschreservierungen. Ende der 70er-Jahre kostete die Saison 40 DDR-Mark

11. bis 14. Lebensjahr

Es gab immer irgendwie etwas zur Unterhaltung.

pro Erwachsener, 20 DDR-Mark pro Kind und 10 Mark für das Auto. Dazu kam eine Pauschale für die Stromversorgung, die bis zu 15 DDR-Mark betrug.

Die Begeisterung für das Camping ist schwer erklärbar, denn auf den meisten Zeltplätzen waren die sanitären Bedingungen schlecht, an manchen Stellen gar katastrophal: uralte Plumpsklos und Waschräume, die schon bessere Zeiten gesehen hatten. Zur Versorgung boten größere Zeltplätze kleine Verkaufsein-richtungen und Cafés. Dort stand man in langen Schlangen nach Brötchen, Bier, Wurst, Käse, Eis oder dem berühmten Broiler an. Zumeist existierte ein Grillplatz, den jedermann nutzen konnte. Je nach Größe des Zeltplatzes wurden Strandfeste, Kinovorführungen und Tanzveranstaltungen angeboten.

Eine Wiese lud zum Fußballspielen ein und oft stand ein Platz mit einem Volleyballnetz zur Verfügung. Die Zeltplätze lagen entweder an Seen und Flüssen oder hatten zumindest ein Bad nebenan oder in der Nähe. Baden wurde also großgeschrieben und hierbei konnte man die DDR wirklich nicht als prüde bezeichnen. Es gab außerordentlich viele Strände mit FKK-Bereichen. Ja, man kann sogar sagen, dass das FKK-Baden eine große Vorliebe der DDR-Bürger war. Freiheitlich nackt zu sein, ein stummer Protest?

Ein gepflegtes Äußeres kann nicht schaden …

Kochen unter diesen Umständen? Kein Problem!

Die DDR – Das Jahr 1976

Das Jahr 1976 war in politischer Hinsicht für die DDR ein Jahr mit zwei Ereignissen, die heftige Erschütterungen hervorriefen. Viele meinen, dass mit jenen Geschehnissen der Anfang vom Ende der DDR eingeläutet werde. Die erste dramatische Begebenheit geschah am 18. August 1976. Vor der Michaeliskirche im Städtchen Zeitz parkte der evangelische Pfarrer Oskar Brüsewitz sein Auto, auf dem er zwei Plakate montiert hatte mit der Aufschrift: „Funkspruch an alle: Die Kirche in der DDR klagt den Kommunismus an! Wegen Unterdrückung in Schulen an Kindern und Jugendlichen."

Anschließend übergoss er sich mit einem Blechkanister voll Benzin, zündete sich an und lief zur Kirche. Passanten gelang es, die Flammen am Körper des Pfarrers zu ersticken, während Volkspolizisten und ein CDU-Kreissekretär in Windeseile die Plakate vom Auto entfernten. Brüsewitz erlag wenig später seinen schweren Verbrennungen. Aber er hatte sein Ziel erreicht: Er hatte im wahrsten Sinne des Wortes ein Fanal gesetzt. Die Machthaber der DDR mühten sich vergeblich, das Geschehene als Einzeltat eines verwirrten Menschen darzustellen.

Kurze Zeit später, am 16. November 1976, erfuhr der Liedermacher Wolf Biermann während seiner Konzerttournee in der Bundesrepublik, dass ihm die DDR „das Recht auf weiteren Aufenthalt in der Deutschen Demokratischen Republik" entzogen hatte. Seit längerer Zeit war das Wirken Biermanns den SED-Oberen ein Dorn im Auge. Seine rebellischen Texte, die ein beredtes Zeugnis über die Verhältnisse in der DDR geben, ließen ihn zunehmend ins Visier der Stasi gelangen.

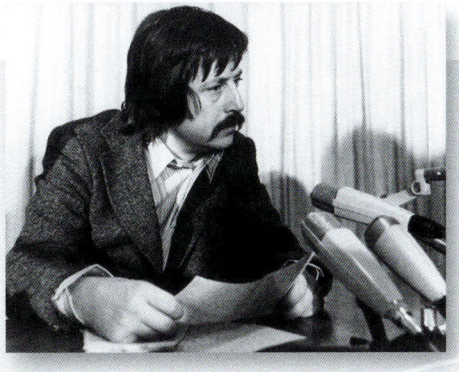

Wolf Biermann auf einer Pressekonferenz nach seiner Ausbürgerung 1976.

Pfarrer Oskar Brüsewitz, der sich 1976 selbst verbrannte.

Biermann wurde bespitzelt, zensiert und schließlich ausgebürgert.

Das Vorgehen der staatlichen Behörden der DDR rief einen Sturm der Entrüstung hervor. Mehrere prominente Schriftsteller verfassten eine Protestresolution, der sich in kürzester Zeit hunderte Künstler anschlossen. Die Machthaber hatten, trotz ihrer massiven Propagandakampagne gegen Biermann, ein gewaltiges Problem geschaffen. Für viele der Protestierenden zog ihre Haltung krasse Konsequenzen wie Verhaftung, Berufsverbot, Parteiausschluss, Exmatrikulation oder gar die Ausbürgerung nach sich. Nach außen hin sah es aus, als sei die Regimekritik unterbunden worden. In Wahrheit begann sich eine Opposition zu formieren, die so mächtig wurde, dass sie im Jahre 1989 die gesamte DDR hinwegfegte.

Vom Erwachsen-werden

Jugendweihe

Im Jahre 1977 war es für uns Jugendliche des Jahrgangs 1963 endlich so weit: Mit dem feierlichen Akt der Jugendweihe folgte die Aufnahme in den Kreis der Erwachsenen. Die Jugendweihe fand im Gegensatz zur Konfirmation deutlich größeren Zuspruch und das hatte Gründe. Die Jugendweihe steht in einer nichtreligiösen, freidenkerischen Tradition, die von der Arbeiterbewegung Ende des 19. Jahrhunderts übernommen und in der DDR bewusst etabliert wurde. Im Grunde ging es bei der Feier um ein Fest zur Schulentlassung, da man im 19. Jahrhundert im Alter von 14 Jahren als erwachsen galt und berufstätig wurde. Die kirchlichen Gegenstücke, Konfirmation bzw. Firmung, bekämpfte die DDR-Politik stark, während die Kirchen die Jugendweihe ablehnten. Da Konfessionslosigkeit staatlicherseits gefördert wurde,

Chronik

20. Juni 1977
Der Schauspieler und Sänger Manfred Krug reist aus der DDR aus.

25. Juni 1977
Beginn des Wiederaufbaus der im Zweiten Weltkrieg zerstörten Semperoper in Dresden.

30. November 1977
Die DDR bestellt bei VW 10.000 Golf.

10. Januar 1978
Nach Abdruck eines Manifests einer Gruppe DDR-Oppositioneller wird das Ostberlinbüro des Magazins der SPIEGEL geschlossen.

6. März 1978
Werner Lamberz, designierter Erbe Honeckers und wegen seiner menschen-freundlichen Sozialismusvorstellungen Hoffnungsträger vieler Menschen, kommt bei einem Hubschrauberabsturz in Libyen ums Leben.

26. August 1978
Der erste deutsche Kosmonaut Sigmund Jähn fliegt ins All.

16. April 1979
Einführung von Forum-Schecks, DDR-Bür-ger dürfen im Intershop nicht mehr mit Westmark bezahlen.

12. Dezember 1979
Die NATO fasst den Doppelbeschluss zur Aufrüstung mit den Raketen Pershing II und den Marschflugkörpern Cruise Missile.

14. April 1980
Vertrag mit Vietnam über die Entsendung vietnamesischer Arbeiter.

11. Juni 1981
Ministerratsbeschluss für ein Grundstipen-dium für alle Studenten der DDR.

26. Juni 1981
Vollstreckung des letzten Todesurteils in der DDR am MfS-Hauptmann Werner Teske wegen Plänen zur Republikflucht.

3. November 1981
Die Volkskammer beschließt den Fünfjah-resplan 1981–1985.

JUGENDWEIHE-URKUNDE

Das Erwachsensein ist nun urkundlich bezeugt!

etablierte sich die weltliche Jugend-weihe, ohne Konfirmation und Firmung gänzlich zu verdrängen. Viele Jugendli-che erlebten beides.

Zehn Jugendstunden

Die Vorbereitung der Jugendweihe oblag den Ausschüssen, den Schulen und der FDJ. Und so waren vor der eigentlichen Feier eine Reihe von Punkten zu erfüllen. Im Laufe eines Jahres mussten wir die obligatorischen zehn Jugendstunden des FDJ-Studien-jahres über uns ergehen lassen. Es handelte sich dabei um eine Mixtur aus Weiterbildung und staatlicher Beeinflus-sung. Dazu gehörten Vorträge, die sich mit verschiedenen politischen und geschichtlichen Themen wie dem

sozialistischen Gesellschaftssystem, dem Kampf der Arbeiterklasse oder dem Faschismus befassten. Uns sollte vor allem die Treue zur SED als unabdingbare Voraussetzung für die Sicherung des Weltfriedens und für das Weiterbestehen unserer Gesellschaft nahegebracht werden.

Es gab allerdings auch Dinge, die man durchaus als interessant bezeichnen konnte und die uns Spaß bereiteten, wie die Vorträge über Sexualität und vor allem die Tanzstunden. Hinzu kamen verschiedene Ausflüge. Nicht so hoch im Kurs standen bei uns die Betriebsbesichtigungen.

Lebenswege

Im Jahre 1977 stand für viele von uns eine zentrale Entscheidung an. Mit Abschluss der achten Klasse boten sich für uns drei Möglichkeiten. Für manche, zumeist die leistungsschwächsten Schüler, endete die Schulausbildung. Sie begannen eine zwei- bis dreijährige Berufsausbildung. In der Regel erlernten sie einfache Industrie-, Landwirtschafts- oder Handwerksberufe und fanden anschließend im Lehrbetrieb eine Anstellung.

Es wurde gepaukt und gepaukt und gepaukt …

Die Schülerinnen und Schüler aus der zweiten Gruppe beendeten die zehnjährige allgemeinbildende polytechnische Oberschule (POS). Damit erlangten sie den in der DDR üblichen Schulabschluss und es folgte eine Lehre. Doch es gab eine Art Hintertürchen, um die Hochschulreife zu erlangen: die dreijährige Berufsausbildung mit Abitur. In der Regel waren dies Jugendliche, die technische oder anderweitig spezialisierte Berufe erlernten und die Möglichkeit zum Studium erhielten. So erreichten sehr viele einen Ingenieurabschluss.

Die dritte Variante war der Besuch der EOS, der Erweiterten Oberschule – heute sagt man Gymnasium dazu. Zu unserer Zeit besuchte man die EOS ab der neunten, seit dem Jahre 1981 erst ab der elften Klasse. Der Zugang zu dieser Bildungseinrichtung war nicht so einfach, denn man wurde delegiert, das heißt im Klartext: ausgewählt. Wir mussten eine ganze Reihe von Voraussetzungen erfüllen. An erster Stelle standen die schulischen Leistungen. Mitunter wurden lediglich zwei bis drei Schüler einer POS-Klasse zur EOS übernommen, die einen Leistungsdurchschnitt von unter 1,5 haben mussten. Der enorme Leistungsdruck setzte sich bis ins Studium fort. Finanzielle Sorgen musste keiner haben, aber wer den Druck nicht aushielt, war schnell wieder weg vom Fenster.

Buchenwald

Erlebnisse, die die meisten von uns ziemlich erschütterten, waren die Besuche von Gedenkstätten für die Opfer des Faschismus und insbesondere die Besichtigungen von Konzentrationslagern. Regelmäßig fuhren Schulklassen zu einem der drei Konzentrationslager auf dem Gebiet der DDR: Buchenwald, Sachsenhausen und Ravensbrück. Zuvor spielte das Thema Faschismus in den Geschichts- und Staatsbürgerkundeunterrichtsstunden eine große Rolle, so dass wir nicht unvorbereitet waren. Vor Ort standen uns regelmäßig Zeitzeugen, ehemalige Insassen der Lager, als Gesprächspartner zur Verfügung. Viele von uns waren schockiert über das, was sie sahen und hörten.

Präsent 20

Die Jugendmode war unsere einzige Einkaufsmöglichkeit.

Dem eigentlichen feierlichen Akt der Jugendweihe ging der Stress voraus, geeignete Garderobe zu suchen und zu finden. Eine nicht ganz unproblematische Angelegenheit in der DDR! Eine große Auswahl hatten wir nicht. Für die Jungs gab es einen Einheitsanzug namens „Präsent 20". Mit dem „Präsent 20", einem blauen, vollsynthetischen Anzug aus dem VEB Dresdner Herrenmoden, beglückte die DDR im Jahre 1969 zum zwanzigsten Jahrestag der Republikgründung die werktätige Bevölkerung. Bis in die 80er-Jahre erfreute sich das Stöffchen, das man sogar in der Waschmaschine waschen konnte, großer Beliebtheit. Mit etwas Glück konnte man in den Exquisit-Läden, in denen hochwertigere Ware zu ebensolchen Preisen erhältlich war, etwas ergattern. In manchen Fällen wurde man kreativ. Und in vielen Familien griff die Mutter zur Nähmaschine, änderte alte Familienanzüge oder schneiderte – wenn sie geschickt war – sogar völlig neu.

Den Mädchen ging es ähnlich. Stundenlanges Posieren vor den Spiegeln eines Kaufhauses, wie es heute üblich ist, das gab es damals nicht – es fehlte einfach die Auswahl. Selbstschneidern war oft angesagt. Die DDR konnte auch in diesem Bereich Eigenschöpfungen anbieten, so z. B. Dederon und Malimo. Dederon ist im Grunde nichts anderes als Perlon, die DDR entschied sich im

Jahre 1959 für eine eigene Bezeichnung. Daraus entstanden Strümpfe, Blusen, Hemden und Miederwaren. Malimo war genau genommen keine neue Textilart, sondern ein Gewebe aus verschieden kombinierten Baumwoll- und Kunstfasern mittels eines speziellen Web- und Wirkverfahrens. Der Name entstand durch ein Silbenspiel aus dem Namen des Erfinders: Heinrich Mauersberger aus Limbach-Oberfrohna.

Unsere Feier

Die zentrale Feierlichkeit fand in der Regel an einem würdigen Ort, im Theater, der Schulaula oder dem Saal des Kulturhauses statt. Der Auftakt begann mit den üblichen offiziellen Reden, künstlerisch umrahmt durch Musik und Tanz. Ein prominenter Gast hielt die Festrede mit dem Appell, dass wir uns der Verantwortung eines vollwertigen Mitgliedes der sozialistischen Gesellschaft stellen und dieser gerecht werden sollten. Anschließend wurden die Mädchen und Jungen in Gruppen auf die Bühne gebeten. Dort legten wir das feierliche Gelöbnis für den Sozialismus ab. Danach schenkten uns Jungpioniere Blumen. Der Schulleiter überreichte uns gemeinsam mit dem Gastredner eine Urkunde und ein Buch. Frühere Generationen bekamen das Buch „Weltall, Erde Mensch", eine Art Kurzfassung der Welt- und Naturgeschichte. Ab dem Jahre 1974 verteilte man das Buch „Der Sozialismus – Deine Welt". Ein Schinken, von dem wir nicht wissen, ob ihn jemals jemand gelesen hat.

Auf großer Bühne wollen wir stehen.

54

Anschließend gingen wir nach Hause oder in eine gemietete Gaststätte, wo wir im Familienkreis feierten. Neben den Gratulationen waren wir scharf auf die Geschenke. Viele von uns wünschten sich zur Jugendweihe etwas Großes und Teures. Oft legte die ganze Familie dafür zusammen. Mal war es ein richtig gutes Fahrrad der Marke Mifa oder Diamant, ein Kassettenrecorder – damals der neueste Schrei – der Marke Sternrecorder R160 oder das riesige, zweispulige Tonbandgerät Jupiter. Am Abend trafen wir uns mit unseren Schulkameraden und Freunden und an diesem Tag durften wir das erste Mal offiziell Alkohol trinken. Über den Ausgang des Abends schweigen wir lieber oder wir können uns nur schwach erinnern.

Ausgewählte Hits von 1979

Abba, „Gimme, Gimme, Gimme (A Man After Midnight)"
Abba, „Summer Night City"
AC/DC, „Highway To Hell"
Barry Manilow, „Mandy"
Blondie, „Heart Of Glass"
Boomtown Rats, „I Don't Like Mondays"
Dire Straits, „Sultans Of Swing"
Dschingis Khan, „Dschingis Khan"
Earth, Wind & Fire, „September"
Electric Light Orchestra, „Don't Bring Me Down"
Karat, „Wenn das Schweigen bricht"
Karussell, „Autostop"
Neil Diamond, „Forever In Blue Jeans"
Nick Straker Band, „A Walk In The Park"

Die Puhdys während eines Auftritts in „Ein Kessel Buntes", Mitte der 70er-Jahre.

Patrick Hernandez, „Born To Be Alive"
Puhdys, „Doch die Gitter schweigen"
Status Quo, „Whatever You Want"
Stern Meissen, „Die Sage"
Supertramp, „The Logical Song"
The Police, „Message In A Bottle"

15. bis 18. Lebensjahr

Welt der Dosenöffner

Was den Unterricht betrifft, hatten wir 63er in einer Hinsicht großes Glück. Wir waren der letzte Jahrgang, der um das äußerst umstrittene Fach Wehrkunde herumkam. Das Unterrichtsfach hatte vormilitärische Übungen und Zivilvertei- digungslehrgänge zum Lehrinhalt. Mit dem Schuljahr 1978/1979 wurde dieses Pflichtfach ab der Klasse 9 eingeführt. Wir kamen bereits 1977 in die neunte Klasse (Schwein gehabt!).

Aber es gab andere aus heutiger Sicht seltsame Fächer, so z. B. das schon erwähnte ESP „Einführung in die sozialistische Produktion", und PA, „Produk- tive Arbeit". Während dieser Unterrichtsstunden arbeiteten wir alle zwei Wochen einen Tag lang in einem Betrieb der Umgebung, das nahm sehr merkwürdige Züge an. In manchen Betrieben wusste man mit uns nichts anzufangen und so wurde man mit z. T. sinnlosen Tätigkeiten beschäftigt oder oft früher nach Hause geschickt. An diesem Tag in der Produktion machten wir erste Erfahrungen mit dem Alltag in einer Fabrik. Der Arbeitstag widersprach drastisch dem in der Schule gepredigten Hohelied auf die sozialistische Produktion. Einige Arbeiter entsprachen in keiner Weise dem klassenbewuss- ten, verantwortungsvollen Proletarier. Engagierte scheiterten mitunter an der Mangelwirtschaft, die schon mal die Bänder stillstehen ließ. Deutlich wurde die Widersprüchlichkeit zwischen Reden und Handeln bei manchen der SED-Par- teifunktionäre. Zugutehalten muss man dem Ganzen zumindest, dass es den Versuch gab, uns die Praxis nahezubringen.

In vielen Betrieben bestand aber ein ehrliches Interesse, Jugendliche in die Produktionsabläufe einzubinden. So konnte beispielsweise manche Abschluss- arbeit im Fach ESP zu Veränderungen beitragen. Andererseits gab es Arbeiten, über deren Inhalt man aus heutiger Sicht nur schmunzeln kann, z. B die Arbeit über die „Technologie und Verpackung des Dosenöffners Nr. 29". Nachdem wir Jugendliche den Öffner für Wurst, Gemüse- und Obstbüchsen in alle seine Einzelteile seziert hatten, versuchten wir die Schneidetechnik zu verbessern und gaben dem Ding eine geradezu revolutionäre neue Verpackungsform. Er wurde auf einem Stück Karton mit starker durchsichtiger Folie eingeschweißt. In dieser Form sollte er in die Produktion gehen. Jedoch das dauerte …

Black Power in der DDR

Eine entscheidende Voraussetzung für den Besuch des DDR-Gymnasiums war die staatskonforme Haltung von Kind und Eltern. War diese nicht gegeben, konnte der Besuch der Bildungseinrichtung verwehrt werden. Aber auch andere „Kleinigkeiten" wuchsen sich schnell zu einem handfesten Problem aus.

So marschierte ein Junge an seinem ersten Schultag an der EOS mit einem nagelneuen, vom Jugendweihe-Geld gekauften Jeansanzug in das Schulhaus. Am Tag zuvor lag er der Mutter in den Ohren, ihr ein Emblem auf den Ärmel aufzunähen, das er durch Tausch erworben hatte. Das Emblem stellte das berühmte Zeichen der amerikanischen Protestbewegung der Farbigen dar, die

Hand mit zwei emporgestreckten Fingern als amerikanische Flagge. Die Mutter – wohl ahnend, dass es Ärger geben könnte – versuchte vergeblich, es ihm auszureden. Mit dem Emblem auf dem Jeansanzug eilte der Junge das Treppenhaus hinauf. Bereits auf dem ersten Treppenabsatz hielt ihn ein Lehrer am Arm fest und fragte mit bösem Blick, was das soll. Die Antwort, das sei das Zeichen der Solidarität mit der Black-Power-Bewegung

Vakuum-Verpackungs- und Verformungsmaschine

Maschinen entwerfen?
Für 63er kein Problem.

führte geradewegs in das Büro des Schuldirektors. Die Wiederholung des Satzes vor dem Schuldirektor führte zu einem ausführlichen Sozialismus-Vortrag mit erhobener Stimme.

Danach wurde der Junge aufgefordert, das Emblem sofort zu entfernen. In der Zwischenzeit hatte man die Eltern des Delinquenten an ihren Arbeitsplätzen angerufen. Mit Engelszungen redeten die Eltern telefonisch auf den Nachwuchs ein, sofort nach Hause zu kommen, damit das Emblem entfernt werden konnte (wo es noch heftigen Streit gab). Es hieß: Emblem entfernen oder kein Abitur, kein Studium.

Ohne ein bisschen Spaß ging nichts bei uns.

NVA – lebenslänglich?

Ähnlich schwierige Situationen gab es häufiger, zumindest für die Jungs. Es zählte beispielsweise zu den ungeschriebenen Gesetzen, dass mindestens einer, besser zwei junge Männer aus einer Klasse sich bereits während der Zeit an der EOS verpflichtete, für 25 Jahre zur Nationalen Volksarmee als Berufssoldat zu gehen. Alle anderen sollten, wenn sie einen Studienplatz erhalten wollten, mindestens drei anstatt der eineinhalb Jahre Grundwehrdienst leisten. Zumeist gastierten Offiziere an der Schule und warben intensiv mit geschönten Worten. Als beispielsweise Siegmund Jähn als erster Deutscher 1978 im All war, nutzte man dessen Popularität geschickt, um für die NVA an den Schulen zu werben. Lehrer redeten zusätzlich auf die Klassen ein.

In einer Klasse erklärte sich niemand zu 25 Jahren Armeedienst bereit und eine erkleckliche Zahl verweigerte die drei Jahre als Unteroffizier auf Zeit. Sofort wurde der Druck erhöht: Es folgten Einzelgespräche beim Direktor und mit einem Offizier. Als diese Bemühungen vergebens waren, mussten die Eltern in die Schule kommen. Am Ende stimmte ein Schüler den 25 Jahren Armeedienst zu, allerdings nur unter der Bedingung, dass er dort den von ihm begehrten Medizinstudienplatz bekam. Die Lehrer und der Schuldirektor zeigten sich erleichtert, denn auch sie standen unter enormem Druck.

Jugend-Klub, nicht Jugend-Club

So allmählich – oft merkten wir gar nicht, wann es passierte – änderten sich unsere Interessen, unser Freizeitverhalten, und wir entdeckten die erste Liebe. Spielen mit anderen wie früher war out. Wir hörten Musik, tanzten und kuschelten mit Mädchen, organisierten erste eigene Partys und schraubten an Mopeds. Wir besuchten das Fußballstadion, fieberten mit dem FC Soundso mit und gingen selbst in einem Verein irgendeiner Sportart nach. Unvergessen sind vor allem die Erinnerungen an die Jugendklubs. Unter uns sprachen wir zwar von Disco, aber die offizielle Bezeichnung in der DDR war Jugendklub. Dabei wurde stets Wert auf das K, wie Klub, nicht Club, gelegt. Man musste sich doch von der subtilen kapitalistischen Infiltration durch die amerikanische Sprache abgrenzen. Die DJs hießen zwar im allgemeinen Sprachgebrauch Diskjockeys, offiziell waren es jedoch „Schallplattenunterhalter". Es gab weitere Regeln zu beachten. So durften nur Platten aufgelegt oder Lieder gespielt werden, die die DDR-Behörden genehmigten.

Außerdem durfte der Anteil der „Westtitel" 40 % der insgesamt gespielten Titel nicht überschreiten. Ob das jemals irgendwo wirklich berechnet wurde, ist stark zu bezweifeln. Meistens wusste man, wann eine Kontrolle anstand und verhielt sich entsprechend. Damals herrschte eine deutliche Zensur. Trotzdem existierte ein schwunghafter Tauschhandel mit Schallplatten, besonders von Bands

Die Musik brachte den Dreh.

aus der BRD, England oder den USA. Manche Platte war ein Mitbringsel von Urlaubsreisen nach Prag oder Budapest. Mitunter waren die Platten eine russische Kopie und mit kyrillischen Buchstaben geschrieben. Andere schickte die Westverwandtschaft oder schmuggelte sie bei Reisen in die DDR hinein.

Mitschnitt gefällig?

Da Platten schwer zu ergattern waren, ging es ans Vervielfältigen. Für richtige Technikfreaks wie uns stellte der Umgang mit Tonband- und Kassettengeräten kein Problem dar. Ein DJ – pardon Schallplattenunterhalter – besaß zumeist eines der super begehrten Tonbandgeräte wie z. B. den Jupiter. Zwei riesige

Laufspulen, Spulen mit Magnetbändern, dienten als Tonträger. Die Alternative waren Kassettentonbandgeräte, die kleiner und kompakter waren, so z. B. das Sonett 77, das Minett oder der Sternrecorder R160. Das Überspielkabel wurde an einen Plattenspieler angeschlossen und die Platte aufgenommen, fertig war die Kopie.

Die Klampfe in die Hand und den Musikstars nachgeeifert.

Eine andere Möglichkeit, zu aktueller Musik zu kommen, war – zumindest dort, wo es die technischen Voraussetzungen gab – das Hören und zeitgleiche Mitschneiden der „feindlichen" Westradiosender. Insbesondere samstags und sonntags, wenn bei NDR 3, HR 3, Bayern 3 oder dem RIAS die Hitparade lief, hockte man vor dem Radio, das sorgfältig verkabelt war. Zumindest ein DDR-Radiosender hatte es uns angetan: DT 64. DT 64 brachte z. B. die Sendung „Duett – Musik für den Recorder", die ein regelrechter Straßenfeger war. Die Moderatoren stellten häufig neue Platten (auch aus dem Westen) vor, gespickt mit Hintergrundinformationen zu den jeweiligen Bands.

Der Jugendsender DT 64

Der Jugendsender DT 64 wurde im Jahre 1964 gegründet und leitete seinen Namen vom letzten Deutschlandtreffen der Jugend im Jahre 1964 ab. Zunächst hatte es der Sender schwer, denn die SED-Oberen meinten, er propagiere zu sehr die westliche Beatmusik. Darum wurde eine enge Anbindung an die FDJ durchgesetzt, um Programm und gespielte Musik zu kontrollieren. Aber mit Duldung der FDJ konnte sich der Radiosender eine gewisse Eigenständigkeit halten.

Die Sendungen sprachen die Sprache der Jugendlichen und waren außerordentlich beliebt. Diese Beliebtheit wollten die DDR-Machthaber nicht aufs Spiel setzten, weil man fürchtete, dass dann noch mehr Jugendliche westdeutsche Sender hören würden.

Mit dem Ende der DDR kam es zu einer grundlegenden Neustrukturierung der Rundfunklandschaft im Osten. MDR Sputnik führt heute die Tradition von DT 64 fort.

Eine Stereo-Kompaktanlage aus der DDR, wie sie kaum ein Bürger hatte.

Das DDR-Tonbandgerät Unitra.

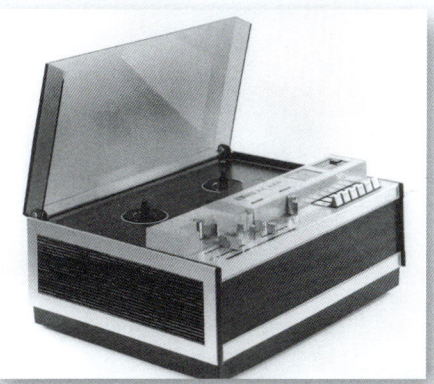

Wie alle

Wenn das Licht erlosch und die Musik hämmerte, unterschieden wir uns vermutlich in nichts von den anderen Jugendlichen dieser Welt. Wir trugen alle schulterlanges Haar, die Jeans musste richtig verwaschen und ausgebeult sein, hinzu kam ein drei Nummern zu großer Pullover. Im Rhythmus der Musik wippten und schüttelten wir die Haare, sprangen ekstatisch über die Tanzfläche. Natürlich wollten wir damit die Mädels beeindrucken und die Mädchen versuchten, mit liebreizenden Bewegungen die Blicke der Jungs auf sich zu ziehen.

In den Jugendklubs trafen wir auf unsere erste Liebe. Es folgten Küsse auf der Tanzfläche, Treffen in Parks oder am Waldesrand. Hoch im Kurs stand es, das Mädchen in irgendeine Eisbar einzuladen. Den schmunzelnden Blick unserer Eltern, wenn wir ihnen vorflunkerten, dass wir uns dringend mit einem Freund wegen der Hausaufgaben besprechen müssten, nahmen wir gar nicht wahr.

Das Eis in der Pinguin-Bar um die Ecke war unschlagbar.

Das S 51 war Kult.

Die Fleppen

Heiß begehrt war damals – genau wie in der heutigen Zeit – der Führerschein, die berühmte Fleppe! Mit 16 Jahren durfte man Moped und Motorrad fahren, wie die gute alte Schwalbe. Kaum einer ließ die Gelegenheit ungenutzt verstreichen. Aber was waren wir stolz, als

wir die neueste Maschine, die im Jahre 1980 auf den Markt gekommene Simson S51, in Begleitung eines Mädchens fahren konnten. Die S51, ein preisgünstiges, zugleich zuverlässiges Moped! Und wenn daran eine Reparatur notwendig war, hielten wir es wie unsere

Die gute alte Schwalbe tut bis heute ihre Dienste.

Eltern: Do it yourself. Die Maschine war ziemlich simpel konstruiert, sodass man sich mit ein wenig technischem Verstand selbst behelfen konnte. Einige der Inhaber heutiger Autowerkstätten entdeckten beim Basteln an der S51 ihren zukünftigen Traumberuf.

Kindheit und Jugend in der DDR – insgesamt betrachtet blicken wir 63er auf eine durchaus schöne Kinder- und Jugendzeit zurück. Man kann je nach Blickwinkel diesen untergegangenen Staat sehr wohl unterschiedlich beurteilen. Wir erlebten viele Dinge, die vorbildlich und erhaltenswert waren, andere bereiteten uns eine Menge Probleme. Doch diese Ambivalenz gibt es heute – unter anderen Bedingungen – auch. Damals mussten wir mit gesellschaftlichem Druck und Repressionen leben lernen und es wurde viel „zwischen den Zeilen" ausgedrückt. Heute dagegen bestimmt ein großer wirtschaftlicher Druck unser Handeln. Und diesen kann man je nach Blickwinkel unterschiedlich beurteilen. Eines haben wir 63er uns jedoch bewahrt: unseren Optimismus für die Zukunft.